本书受成都工业学院绿色创新工业研究院
研究基金和博士基金项目（2018RC020）资助

服务组织处理顾客不当
行为的影响研究

Fuwu Zuzhi Chuli Guke Budang
Xingwei de Yingxiang Yanjiu

罗强　著

西南财经大学出版社
Southwestern University of Finance & Economics Press

中国·成都

图书在版编目(CIP)数据

服务组织处理顾客不当行为的影响研究/罗强著.—成都:西南财经大学出版社,2022.10

ISBN 978-7-5504-5113-1

Ⅰ.①服… Ⅱ.①罗… Ⅲ.①商业服务—研究 Ⅳ.①F719.0

中国版本图书馆 CIP 数据核字(2021)第 206979 号

服务组织处理顾客不当行为的影响研究

罗强 著

策划编辑:王琳
责任编辑:廖术涵
责任校对:周晓琬
封面设计:张姗姗
责任印制:朱曼丽

出版发行	西南财经大学出版社(四川省成都市光华村街55号)
网　　址	http://cbs.swufe.edu.cn
电子邮件	bookcj@swufe.edu.cn
邮政编码	610074
电　　话	028-87353785
照　　排	四川胜翔数码印务设计有限公司
印　　刷	郫县犀浦印刷厂
成品尺寸	170mm×240mm
印　　张	9.25
字　　数	163 千字
版　　次	2022 年 10 月第 1 版
印　　次	2022 年 10 月第 1 次印刷
书　　号	ISBN 978-7-5504-5113-1
定　　价	68.00 元

前　言

在旅游度假、教育培训、娱乐影视、交通运输、零售、餐饮、医疗、旅店等服务行业，顾客必须与第三方顾客共享服务设施，在接受服务时彼此相互影响。在服务消费场景中广泛存在的大声喧哗、拥挤、插队、随处弃物、顺手牵羊、恶意退换使用过的商品、破坏公共设施、醉酒滋事、在公共场所吸烟、违背习俗礼仪、对员工或其他顾客进行口头或身体侵犯等第三方顾客不当行为可能严重影响顾客的消费体验，给顾客带来心理和经济等方面的附加成本。毫无疑问，对顾客不当行为的研究具有重要的理论和实践意义。

然而，有关第三方顾客不当行为对顾客情感反应和行为意向的影响方面的研究还非常有限。基于过去的相关研究成果和归因理论、公平理论、期望不一致理论、环形情感理论等相关理论，本书从顾客感知的视角研究了服务组织处理第三方顾客不当行为对顾客情感反应和行为意向的影响。本书认为：感知服务组织责任和感知服务组织努力程度对顾客情感反应的影响存在着交互效应；不当行为的严重性会影响顾客的情感反应和行为意向；顾客情感反应的不同唤醒水平会影响顾客的行为意向。

为准确研究感知服务组织责任和感知服务组织努力程度对顾客情感反应的交互影响，本书采用二维模型，从感知服务组织责任和感知服务组织努力程度这两个维度，形成四种组合来考察了对顾客情感反应的影响机理。另外，顾客情感并非满意和不满意所能表达，本书根据 Russell（1980）提出的环形情感模型，将顾客情感反应根据愉快－不愉快和唤醒－平静两个维度分为愉悦、满意、不满和愤怒四种，来精确研究顾客感知服务组织责任和感知服务组织努力程度的不同强弱组合下顾客的情感反应，以及不同情感反应对顾客行为意向的影响。

另外，本书在前人研究的基础上，把重购意愿、正面口碑、负面口碑引入研究模型，考察了顾客愉悦、满意、不满和愤怒这四种不同的情感状态与顾客的重购意愿、正面口碑、负面口碑和报复倾向这四种行为意向之间的关系，尤其考察了顾客不同唤醒水平的正面或负面情感反应是否对顾客积极或消极的行为意向的影响存在显著差异。

最后，本书还考察了不当行为严重性高时，感知服务组织责任和感知服务组织努力程度的不同组合与顾客情感反应的关系是否会发生变化。同时，本书还研究了不当行为严重程度的差异是否会对顾客行为意向造成显著的影响。

本书采用经历回忆抽样法，使用 SPSS 17.0 对 493 份有效问卷的数据进行了分析，得到如下主要结论：

（1）服务企业对第三方顾客不当行为的可控性会影响顾客对不当行为的责任的判定，顾客越是觉得服务企业能避免不当行为的发生，即企业对不当行为的可控性越高，顾客越会把发生不当行为的责任归咎于企业，顾客对企业的责任感知度就越高。

（2）顾客感知企业的责任与感知企业努力程度对顾客的情感反应存在交互影响。具体来说，如果顾客觉得企业对发生顾客不当行为的责任小，但感到企业在非常努力地补救，企业的补救表现超越了顾客的补救期望，因而顾客会对企业产生高水平的正面情绪，即愉悦；如果顾客感觉企业对发生顾客不当行为的责任大，企业努力程度也高，那么企业的补救表现符合顾客的补救期望，顾客会产生低水平的正面情绪，即满意；如果顾客感觉企业对发生顾客不当行为的责任小，补救努力程度也低，那么企业的补救表现会低于顾客的期望，顾客会产生低水平的负面情绪，即不满；如果顾客感觉企业对发生顾客不当行为的责任大，但企业补救不努力，企业的补救表现明显低于顾客的补救期望，则顾客会产生高水平的负面情绪，即愤怒。

（3）顾客的情感反应的不同唤醒水平对顾客忠诚度有不同的影响。高唤醒水平的正面情感对顾客忠诚度的影响大于低唤醒水平的正面情感：愉悦的顾客比满意的顾客有更高的重购意向和正面口碑传播意向。同样，高唤醒水平的负面情感对顾客某些不忠诚行为意向的影响大于低唤醒水平的负面情感：愤怒的顾客比不满的顾客有更高的负面口碑传播意向，愤怒的顾客比不满的顾客有更高的报复倾向，但差异不显著。

（4）第三方顾客不当行为的严重性对上述第（2）点的研究结论有影响。

其具体表现在，当顾客感知不当行为严重性高时，即使顾客觉得企业对发生不当行为的责任小，而且感到企业非常努力地在补救，这时顾客也不会再对企业感到愉悦，而是仅仅感到满意。当顾客感知不当行为严重性高时，顾客觉得企业对发生不当行为的责任大，即使感到企业非常努力地在补救，顾客仍不再对企业感到满意，而是感到不满。当顾客感知不当行为严重性高时，顾客觉得企业对发生不当行为的责任小，而且感到企业补救不努力，这时顾客对企业不是感到不满，而是感到愤怒。最后，当顾客感知不当行为严重性高时，顾客觉得企业对发生不当行为的责任大，但是感到企业补救不努力，这时顾客仍然对企业感到愤怒，但是否更加愤怒，则有待将来进一步检验。

（5）顾客不当行为的严重程度会对顾客行为意向造成影响。研究发现，不当行为的严重性与顾客负面口碑传播意向显著正相关。研究还证实，相比遭遇严重性低和严重性中的不当行为的顾客，遭遇严重性高的不当行为的顾客明显有更高的负面口碑传播意向。但是，严重性的程度对重购意向、正面口碑和报复倾向的影响不显著。

本书在模型构建、变量设置和研究结论等多方面弥补了第三方顾客不当行为对顾客情感反应和行为意向影响实证研究的不足，具有重大的理论和实践意义。具体如下：

（1）本书构建了顾客不当行为与服务补救的概念模型，提炼出了一般规律，丰富和完善了顾客不当行为和服务补救领域的研究成果。第三方顾客的不当行为研究是消费者行为和服务补救研究的一个重要组成部分。目前学术界在该领域的研究还处于探索阶段，因此理论界需要一个更完善的模型来解释不当行为及针对不当行为的补救对顾客情感反应和行为意向的影响。本书建立的模型是对服务补救管理理论和研究成果的进一步丰富和完善。

（2）本书将顾客感知服务组织对第三方顾客不当行为的可控性、感知服务组织努力程度和顾客情感反应联接起来，揭示了服务补救是否有效的内在机理。

（3）本书将感知服务组织努力程度与感知服务组织责任以二维构架进行思考，更符合现实情况，解决问题的针对性更强，且二维构架增加了研究的难度。过去的研究没有考虑到感知企业责任和感知企业努力程度对顾客情感反应的交互影响，本书以二维模型的方式研究了顾客对其他顾客不当行为的归因以及企业的补救对顾客情感反应和行为意向的影响。根据强弱，作者把感知企业责任和感知企业努力程度聚成四种组合，来更准确地考察二者对顾客情感反应的交互影响。笔者将环形情感模型引入第三方顾客不当行为的研究中，根据唤起水平维度和正－负面情感维度，将顾客情感反应分为愉悦、满意、不满和愤怒四种。这样就可以考察感知企业责任和感知企业努力程度的四种组合和这四种情感反应之间的关系。感知企业责任和感知企业努力程度的四种组合和顾客愉悦、满意、不满和愤怒之间的对应关系说明：感知企业责任和感知企业努力程度对顾客情感反应的影响存在着交互效应。

（4）在研究第三方顾客不当行为时，本书首次清晰、系统地分析了不当行为严重性这一重要变量的影响。本书综合考察了严重性、补救努力和感知责任，尤其是考察了严重性的调节作用是否会影响感知企业责任和感知企业努力程度四种组合与顾客情感反应之间的关系。研究揭示，当不当行为严重性高时，顾客不大可能因为企业的补救努力而感到愉悦，补救努力对顾客情感反应的影响减弱。另外，本书还考察了不当行为严重性的差异对顾客行为意向的影响。研究揭示，严重性的程度对顾客负面口碑传播意向有显著的影响。

最后，本书对企业管理提出了建议，说明了研究的不足并对未来研究进行了展望。

本书受成都工业学院绿色创新工业研究院研究基金和博士基金项目（2018RC020）资助。

2021 年 4 月

目　录

1 绪 论

1.1 问题的提出

在旅游度假、教育培训、零售、餐饮、娱乐影视、交通运输、医疗、住宿等服务行业，顾客必须与第三方顾客（其他顾客）共享服务设施，在接受服务时彼此相互影响（Moore et al.，2005；刘汝萍 等，2012）。Langeard 等（1981）、Bitner 等（1990）以及 Prahalad 和 Ramaswamy（2000）认为服务环境中顾客之间的接触是顾客服务经历的重要方面，会影响顾客对服务组织的满意度和忠诚度。

大声喧哗、拥挤、插队、随处弃物、顺手牵羊、恶意退换使用过的商品、破坏公共设施、醉酒滋事、在公共场所吸烟、违背习俗礼仪、对员工或其他顾客进行口头或身体侵犯等顾客不当行为（customer misbehavior）在服务消费场景中广泛存在。Witham（1998）列出了餐饮业中男性顾客和女性顾客频率较高的不当行为，其中女性顾客的常见不当行为有突然发怒乱扔东西、不合理退餐、香水味太浓致他人不适等，男性顾客则有使用粗言秽语、贬损服务员工和性别歧视等不当行为。第三方顾客的不当行为可能会对其他消费者的消费体验和满意度造成严重负面影响（Bitner et al.，1994；Ma et al.，2009）。顾客不当行为会在心理和经济等方面给其他顾客带来不必要的附加成本（Fullerton et al.，1993）。Bitner 等（1994）使用关键事件分析法对酒店等典型的服务行业进行调查后发现，导致顾客不满意的事件中，将近四分之一是由第三方顾客不当行为引起的，问题顾客是导致服务失败的四大因素之一。Grove 和 Fisk（1997）在对排队等候的第三方顾客行为进行调查后发现，57.4% 的礼仪性行为（如插队、踩脚、儿童叫嚷、责骂等）和 42.6％的社交性行为（如不友好、粗鲁等）会让顾客产生不满情绪。事实上，顾客的不当行为广泛存在，而且可能成为其他消费者放弃某项服务的原因（刘汝萍 等，2012）。毫无疑问，对顾客不当行为的研究具有重要的理论和实践意义。

要研究顾客不当行为，我们必须回答下列问题：第三方顾客不当行为对顾客有什么影响？第三方顾客不当行为中哪些因素决定了对顾客的影响？对不当行为导致的服务失败，服务企业的服务补救措施对顾客的情感和行为会有什么影响？遭遇第三方顾客不当行为的顾客，在服务企业补救以后，会对服务企业感到满意吗？顾客会抱怨企业还是继续光顾呢？决定上述这些问题的答案的是哪些因素呢？这些因素之间又是什么关系呢？

综上所述，我们急需研究第三方顾客不当行为对顾客情感反应的影响机理，还需探究服务企业在不当行为发生后的补救对顾客情感反应和行为意向的影响机理。

1.2　研究现状

然而，有关第三方顾客不当行为对顾客情感反应和行为意向的影响方面的研究还非常有限。Huang（2008）运用归因理论证实：感知服务组织对第三方顾客不当行为的可控性（服务组织在多大程度上能避免不当行为的发生）通过感知企业责任这一中介变量负向影响顾客满意，而不当行为的稳定性（是否还会发生）对感知企业责任和顾客满意没有显著影响；他的研究还揭示了感知员工努力程度对顾客满意有正向影响，而第三方顾客不当行为的严重性负向影响顾客满意。

刘汝萍等（2012）的研究再次证实，感知服务组织对第三方顾客不当行为的可控性正向影响着顾客对企业责任的感知，顾客对企业责任的感知又负向影响着顾客满意，而感知员工努力程度对顾客满意有正向影响，但研究没有考虑不当行为的稳定性和严重性。在 Huang（2008）的研究模型基础上，刘汝萍等（2012）进一步研究了在发生第三方顾客不当行为的背景下，顾客满意对顾客离开倾向和报复倾向这两种行为意向的影响，发现顾客满意对顾客离开倾向有显著的负向影响，对报复倾向的影响则不显著。刘汝萍等（2012）的研究还解释了顾客关系质量的调节作用，对于高关系质量的顾客，其感知企业责任对顾客满意影响更小，但感知员工努力对顾客满意的影响更大。同时，关系质量还会弱化不满顾客的离开倾向。

张广玲等（2013）的研究在很大程度上重复了刘汝萍等（2012）的研究，把一些变量名称进行了更换，增加了对不当行为的模仿和重购两个新的变量，但删除了企业补救方面的变量。研究发现，不当行为的归因对顾客不满、顾客的重购和退出行为有直接影响，并通过顾客不满这个中介变量间接影响对不当行为的模仿行为；与偶遇关系相比，信任关系能在一定程度上减少顾客不满，从而增加顾客重购意向，减少其退出和模仿行为倾向。

然而，上述研究均着眼于感知企业责任和感知员工努力分别对顾客满意的独立影响，忽略了感知服务组织责任和感知服务组织努力程度对顾客满意的影响存在着交互效应。而且过去对顾客不当行为的相关研究，局限于对顾客满意的研究，而忽略了顾客情感反应的复杂性和多维性。顾客情感也并非满意和不满意所能表达。在发生第三方顾客不当行为的情况下，顾客的典型行为还包括重购意愿和口碑等。在顾客满意对顾客忠诚的影响研究方面，过去的相关研究主要聚焦于顾客满意对顾客行为意向是否存在显著的正向或负向影响上。有的学者则变换或添加反映顾客行为意向的变量，比如回避倾向等。这种研究的结论要么比较明显，要么仅仅是在重复或印证过去的研究成果。最后，Huang（2008）的研究虽然在模型里面加入严重性这个变量，但是仅限于探讨严重性和顾客满意之间的关系，没有探讨严重性的调节作用是否会影响感知企业责任和感知企业努力程度与顾客情感反应之间的关系。本书的研究内容便是基于上述研究成果和不足。

1.3　本书的主要研究内容

本书重点以归因理论、公平理论、期望不一致理论和环形情感理论等为理论支撑，在前人服务补救和顾客不当行为等方面研究成果的基础上，考察了第三方顾客不当行为的归因以及服务企业的补救对顾客情感反应和行为意向的影响。主要内容如下：

1.3.1 顾客感知服务组织责任和感知服务组织努力程度对顾客情感反应的交互影响

本书认为，感知服务组织责任和感知服务组织努力程度对顾客情感反应的影响存在交互效应。如果顾客觉得第三方顾客不当行为主要是服务组织的责任，那么服务组织即使很努力补救，顾客也不一定感到非常满意。也就是说，高感知服务组织责任弱化了高感知服务组织努力程度对顾客满意的影响。同理，如果顾客感知不当行为主要是第三方顾客的责任，不是服务组织的责任，那么即使服务组织的补救比较普通，顾客也可能感到比较满意。也就是说低感知服务组织责任强化了感知服务组织努力程度对顾客满意的影响。所以，感知服务组织责任对感知服务组织努力程度和顾客满意之间的关系有调节作用。

另外，如果服务组织积极地进行补救，那么即使顾客感觉不当行为是服务组织的责任，那么顾客仍可能感到满意，也就是说高努力程度削弱了高感知责任对顾客满意的负面影响。同理，如果顾客感知服务组织补救努力程度低，那么即使顾客感觉不当行为不是服务组织的责任，也仍然会感到不满。所以，感知服务组织努力程度对感知服务组织责任与顾客满意之间的关系也有调节作用。

综上所述，高感知服务组织努力程度可以削弱感知服务组织责任对顾客情感反应的负面影响；同样，高感知服务组织责任会削弱企业努力程度对顾客情感反应的正向影响。为准确研究感知服务组织责任和感知服务组织努力程度对顾客情感反应的交互影响，本书拟采用二维模型，从感知服务组织责任和感知服务组织努力程度这两个维度，形成了四种组合来考察其对顾客情感反应的影响机理。

目前众多学者在对顾客不当行为的研究中，均采用了顾客满意这一情感变量。然而，本书认为顾客情感并非满意和不满意所能表达，本书根据 Russell（1980）提出的环形情感模型（circumplex model of affect），将顾客情感反应根据愉快—不愉快和唤醒—平静两个维度分为愉悦、满意、不满和愤怒四种，以精确研究顾客感知企业责任和感知企业努力程度的不同强弱组合下顾客的情感反应，以及不同情感反应对顾客行为意向的影响。

1.3.2　不同唤醒水平的顾客情感反应对顾客行为意向的影响

本书在刘汝萍等（2012）研究的基础上，把重购意愿、正面口碑、负面口碑引入研究模型，考察了顾客愉悦、满意、不满和愤怒这四种不同的情感状态与顾客的重购意愿、正面口碑、负面口碑和报复倾向这四种行为意向之间的关系，尤其是考察了顾客在不同唤醒水平下的正面或负面情感反应，对顾客积极或消极的行为意向是否存在显著影响：检验愉悦和满意这两种不同唤醒水平的正面情感对顾客重购和正面口碑传播意向的影响；检验愤怒和不满这两种不同唤醒水平的负面情感对顾客负面口碑传播意向和报复倾向的影响。

1.3.3　不当行为严重性对顾客情感反应和行为意向的影响

大量的研究表明了不当行为的严重性会对顾客情感反应产生影响（比如：Oliver et al.，1989；Smith et al.，1999；Johnston R. et al.，1999；Mattila，2001；Weun et al.，2004；杜建刚 等，2007；Huang，2008；赵鑫 等，2009）。所以，我们需要考虑不当行为严重性这个变量对我们前文研究的影响。比如，不当行为严重性程度高时，企业的积极补救努力还会让顾客感到满意吗？严重的不当行为是否会削弱补救努力对顾客情感反应的影响呢？具体来说，我们需要研究顾客不当行为严重性对感知企业责任和感知企业努力程度组合与顾客情感反应之间关系的影响。

另外众多研究发现，服务失败的严重程度与抱怨等顾客行为相关（Swan et al.，1973；Richins，1983、1987；Tax et al.，1998；McCollough et al.，2000；Weun et al.，2004；杜建刚 等，2007；赵鑫 等，2009）。本书还会考察不当行为严重程度的差异是否会对顾客行为意向造成显著的影响。

1.4　研究方法和路线

1.4.1　研究方法

本书重点以归因理论、期望不一致理论、公平理论、环形情感理论等理论为基础，考察第三方顾客不当行为和服务企业在其他顾客不当行为发生后的补救对"受害"顾客的情感反应和行为意向的影响。本书结合定性和定量分析进行了规范和实证研究，具体采用的方法如下：

（1）文献法

文献研究是本书研究的基础，文献研究有助于研究人员掌握理论背景、了解本书研究领域的研究现状、跟踪学术前沿、发现现有研究的不足、确立新的研究方向和研究模型。文献研究还可以提供研究所需的理论支撑，在界定变量含义、构建概念模型、提出假设和选择适用的量表等方面均需要有文献支撑。这样研究才更有说服力，并且研究结论具有更高的可靠性。

在本书的文献研究中，笔者首先在西南财经大学和四川大学图书馆提供的EBSCO、CNKI 和 ScienceDirect 等数据库以及谷歌学术搜索中检索了与本书密切相关的文献资料，然后仔细对文献进行了阅读、吸收、归纳和总结，发现存在的不足。笔者查找和阅读的国内外文献涉及顾客不当行为、归因理论、公平理论、期望不一致理论、环形情感理论、忠诚理论、服务失败和服务补救等相关理论和研究。在此过程中，笔者对应用上述理论的顾客不当行为研究和服务补救研究的主要结论和现状进行了梳理和评论。在充分消化和吸收的基础上，笔者发现了现有研究的缺陷和不足，确立了研究思路和方向。另外，笔者对本书涉及的核心变量的概念进行了界定，通过扎实的文献研究，为模型构建和假说提出打下了坚实的基础。

总之，笔者文献研究的具体工作包括：第一，对涉及的支撑理论进行分析梳理。第二，对其他顾客不当行为和服务补救等方面的经典文献进行收集整理，尤其关注核心变量、主要结论、现有研究存在的不足等。第三，在上述扎实工作的基础上确立研究方向和构建研究模型。第四，发现和积累前人使用过的、对本书有用的量表。

（2）经历回忆抽样法（retrospective experience sampling）

在服务失败和服务补救的研究中，实验法和问卷法各有所长。

实验法可以模拟服务场景，从而可能更准确地测量顾客的情绪，进而更好地检验各个变量之间的关系。考虑到本书的很多变量（比如感知企业努力程度、感知企业责任和不当行为严重性）需要根据测量数值进行聚类，划分为不同的组别（比如感知企业努力程度高和低的样本），所以需要相当规模的样本总量。而实验法很难较大规模地开展，难以提供本书所需的足够大的样本量。如果样本少，研究结论就会欠缺说服力。另外，实验场景的设计往往有主观性，实验设计人员在设计场景时会尽量朝有利于达成预期研究结论的方向努力。另外，由于人的感知具有主观性，在设计场景时要准确操控被试者的感知不是一件容易的事。最后，比较单一的实验场景必然会削弱研究的外部效度。

相比之下，问卷法可以较好地避免上述缺点。在对情绪的研究中，问卷法比实验法的效度更高（Sherman et al.，1997）。Barrett（1997）认为人们能够对过去的情绪经历进行准确的回忆，Moorman（1991）有关消费情绪的研究也验证了这点。Huang（2008）和刘汝萍等（2012）对第三方顾客不当行为的研究也采用的是让顾客回忆自己亲身消费经历的抽样调查方法。Huang（2008）认为经历回忆抽样法（retrospective experience sampling）可以避免实验研究固有的一些缺点，比如在实验里服务失败和服务补救措施都是实验人员口头告诉被试者的，被试者需要通过想象来"体验"自己遭遇其他顾客不当行为和得到服务员的补救措施的感觉。实验研究有很大的人为性，非常依赖被试者的角色扮演能力（Greenberg et al.，1993）。而经历回忆抽样法在当前关于服务失败的研究中已经被成功使用（Bougie et al.，2003；Zeelenberg et al.，2004）。所以经过再三考虑，笔者决定效仿 Huang（2008）等前人的研究，采用经历回忆抽样法，让被调查者回忆自己过去亲自经历的印象最深刻的、遭遇第三方顾客不当行为的经历，并填答问卷。

本书根据前人的研究，采用了成熟的量表，并进行了问卷的信度和效度检验，以确保数据的可靠性。在调查抽样方面，本书较大规模地抽取了三所成都高校大学生的样本，以保证研究结论的可靠性。

（3）数理统计方法

实证研究是分析数据、检验研究假设和得到拟定研究结论的重要阶段。本书在数据处理中拟采用信度分析、效度分析、描述性分析、聚类分析、对应分析、方差分析和相关分析等统计方法，来检验提出的模型合理性和假设是否成立。

总之，本书将定性研究与定量研究结合在一起。定性研究方面主要是通过文献研究，了解研究现状、跟踪学术前沿、发现现有研究的不足、确立新的研究方向和研究模型。而在定量研究中，我们对所界定的问题进行数据收集，并借助统计分析方法来检验研究假设，从而验证从文献研究中提出的模型和观点，弥补定性研究主观性强的不足。这两种方法的结合使本书既有坚实的理论基础，又有严谨的数据验证，研究结论坚实可靠。

1.4.2 研究路线

本书主要包括以下步骤：

（1）提出研究问题。根据对服务业真实现象的观察，结合前人的研究，提炼出自己的研究问题。

（2）文献述评和界定核心变量。笔者广泛阅读和归纳整理了国内外文献，并对核心变量进行定义和界定，为下一步工作打下坚实基础。

（3）构建概念模型并提出假说。在前人研究基础上，大胆提出新的研究假说，并构建出本书的概念框架。本部分包括：感知可控性对感知企业责任的影响假说；感知服务企业责任和感知服务企业努力程度对顾客情感反应的交互影响的模型和假说；不同唤醒水平的顾客情感反应对顾客行为意向的影响差异的模型和假说；不当行为严重性对感知企业责任和感知企业努力程度组合与顾客情感反应关系的影响模型和假说；不同的严重性对顾客行为意向的影响差异假说。

（4）问卷设计和数据收集。这部分包括：在国内外文献中，查找适用的量表，并进行细微修改；对问卷进行效度、信度检验；进行科学严谨的数据收集。

（5）假说检验。我们采用聚类分析、对应分析、方差分析和相关分析等统计方法对假说和模型进行了实证检验，并对结果进行讨论。

（6）研究结论和建议。总结研究结论和意义，为服务企业经营者提供政策建议，提出本书的局限和对未来研究的建议。研究的技术路线如图1-1所示。

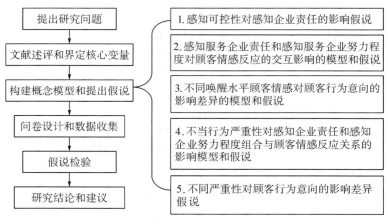

图 1-1 研究的技术路线

1.5　结构安排

第一章：绪论。本章首先提出了选题的背景，阐述了研究第三方顾客不当行为对顾客情感反应和行为意向影响的必要性，其次简述了先前的研究成果和不足，提出本书的主要研究内容和拟采用的研究方法和技术路线，最后介绍了本书的结构安排和研究意义。

第二章：文献述评及变量界定。在这一章中，作者对第三方顾客不当行为、归因理论、公平理论、满意理论、环形情感理论、忠诚理论、服务补救理论、服务失误、不当行为严重性等进行了综述，梳理了相关理论的主要内容、主要研究结论，尤其是和顾客不当行为之间的关系。对模型中涉及的感知可控性、感知企业责任、感知企业努力程度、愉悦、满意、不满、愤怒、重购意愿、正面口碑、负面口碑、报复倾向和不当行为严重性等变量进行了定义和理论探讨，为概念模型的构建和假说的提出奠定了坚实的理论基础。

第三章：模型构建和提出假说。在以往的研究成果的基础上，结合目前的研究不足，笔者构建了概念模型，并提出假说，主要包括以下方面：①感知可控性对感知企业责任的影响假说；②感知服务企业责任和感知服务企业努力程度对顾客情感反应的交互影响的模型和假说；③不同唤醒水平的顾客情感反应对顾客行为意向的影响差异的模型和假说；④不当行为严重性对感知企业责任和感知企业努力程度组合与顾客情感反应关系的影响模型和假说；⑤不同的严重性对顾客行为意向的影响差异假说。

第四章：量表开发和数据收集。笔者根据理论模型和假说，查询成熟的研究量表，确定了抽样规模和抽样对象，并对量表和模型的信度和效度进行了检验。最后，进行数据的收集、录入和整理。

第五章：数据分析和假说验证。作者使用 SPSS 17 软件，采用聚类分析、对应分析、方差分析、相关分析等方法对第三章中提出的假说进行了统计检验。

第六章：研究结论和建议。本章主要讨论各假说的检验结果，以及本书的创新之处和理论贡献；还陈述了给管理实践带来的启示和建议；最后笔者总结了研究的局限，并指出了未来的研究方向。

1.6 研究的重要意义

随着我国服务业的飞速发展，服务消费在老百姓日常生活中愈发重要。在服务消费中，第三方顾客的不当行为对顾客满意的影响引起了越来越多的学者和企业管理者的关注。研究第三方顾客不当行为和服务企业的补救对顾客情感反应和行为意向的影响具有重要的理论和实践意义。

1.6.1 实践意义

（1）有利于服务企业针对顾客不当行为进行服务补救、提升顾客满意度

本书将在实践上为服务组织应对顾客不当行为提供策略建议，提升顾客满意度。随着收入水平的提高，消费者对旅游、高等教育、休闲、健身等服务的需求也增加了（江小涓 等，2004），城镇居民人均服务性消费支出占消费总支出的比重稳步提升。由于服务消费在老百姓生活中越来越重要，各种原因引发的服务失败在所难免，在日常生活中由第三方顾客的不当行为引起的服务失败是服务失败的一种重要内容，研究第三方顾客不当行为对顾客满意的影响机制，探究企业的服务补救对顾客情感反应和忠诚的影响，具有重要的实践意义。

（2）助推我国大力发展服务业的大战略

近年来，服务业在我国快速发展，在国民经济中占有愈发重要的地位。根据国家统计局的数据，2013 年一季度，中国服务业占 GDP 的比重首次反超第二产业，达到 47.8%，但离全球 60% 左右的平均比重值尚有明显差距，发展空间巨大。服务业一般具有劳动密集的特点，能提供大量就业岗位，提高居民收入，改善民生；而且可以减少污染和能耗，就改善民生和调整经济结构方面来说，大力发展服务业是优先的政策选项。

1.6.2 理论意义

（1）本书构建了顾客不当行为与服务补救的概念模型，提炼出了一般规律，丰富和完善了顾客不当行为和服务补救领域的研究成果。第三方顾客的不当行为研究是消费者行为和服务补救新的研究领域和一个重要组成部分。第三

方顾客不当行为对顾客满意影响机理的实证研究比较缺乏（刘汝萍 等，2012），因此理论界需要一个更完善的模型来解释不当行为及针对不当行为的补救对顾客情感反应和行为意向的影响。本书系统和完整地建立了服务企业处理第三方顾客不当行为对顾客情感反应和行为意向的影响模型，并进行了实证检验，丰富和完善了顾客不当行为和服务补救领域的研究成果。

（2）将顾客感知服务组织对第三方顾客不当行为的可控性、感知服务组织努力程度和顾客情感反应做连接，揭示了服务补救是否有效的内在机理。

（3）将感知服务组织努力程度与感知服务组织责任以二维构架进行思考，更符合现实情况，解决问题的针对性更强，且二维构架增加了研究的难度。本书创新性地以二维模型的方式研究了顾客对其他顾客不当行为的归因和企业的补救对顾客情感反应和行为意向的影响。根据强弱，笔者把感知企业责任和感知企业努力程度聚成四种组合，来更准确地考察二者对顾客情感反应的交互影响。而过去的研究没有考虑到感知企业责任和感知企业努力程度对顾客情感反应的交互影响，而是将重点放在二者对顾客满意的独立影响上。感知企业责任和感知企业努力程度的四种组合和顾客愉悦、满意、不满和愤怒之间的对应关系说明了：感知企业责任和感知企业努力程度对顾客情感反应的影响存在着交互效应。

（4）在第三方顾客不当行为研究中，首次清晰、系统地分析了不当行为严重性这一重要变量的影响。本书综合考察了严重性、补救努力、感知责任，尤其是考察了严重性是否会影响感知企业责任和感知企业努力程度四种组合与顾客情感反应之间的关系。另外，本书还考察了不当行为严重性的差异对顾客行为意向的影响。

总之，本书在模型构建、变量设置和研究结论等多方面弥补了第三方顾客不当行为对顾客情感反应和行为意向影响实证研究的不足，具有重大的理论和实践意义。

2 文献述评及变量界定

2.1 顾客不当行为研究述评

本部分主要包括：顾客不当行为的含义；顾客不当行为的类型；顾客不当行为产生的原因；顾客不当行为的危害；顾客不当行为的预防和管理；第三方顾客不当行为对顾客满意和行为意向的影响的近期主要研究模型、结论和简评。

2.1.1 顾客不当行为的含义

喧哗、拥挤、插队、随处弃物、顺手牵羊、欺诈（比如把使用过、但未撕标签的服装当新衣服退货）、破坏公共服务设施、醉酒滋事、在公共场所吸烟、违背习俗礼仪、对员工或其他顾客进行口头或身体侵犯等行为在服务场景下广泛存在。Fullerton 和 Punj（2004）以及刘汝萍等（2012）将这些行为称为顾客不当行为（consumer misbehavior）。其他学者对这些行为的称呼还包括问题顾客行为（problematic customer behavior）（Bitner et al.，1994），功能失常型顾客行为（dysfunctional customer behavior）（Harris et al.，2003），顾客异常行为（aberrant consumer behavior）（Fullerton et al.，1993），越轨顾客行为（deviant customer behavior）（Reynolds et al.，2006）或顾客不良行为（金立印，2006）等。顾客不当行为的称呼和定义较为多样甚至混乱（Youjae et al.，2008；刘汝萍等，2010）。

对顾客不当行为的界定，主要有两个不同的标准：

一是根据顾客不当行为是否给服务企业、员工或其他顾客造成伤害来界定，这类学者包括 Lovelock（1994）、Harris 和 Reynolds（2003）等。Lovelock（1994）认为不良行为指顾客以侮辱性的或轻率的行为方式，给服务企业、服务员工和其他顾客带来伤害的行为。Harris 和 Reynolds（2003）将顾客不当行为定义为：以秘密或公开的、无意或有意的方式，在某种程度上干扰了服务接触功能的行为。刘汝萍和马钦海（2010）认为，对于第三方顾客不当行为是否造成伤害以及伤害的程度，缺乏客观的、统一的标准，而且不同的方面（如企业、受影响顾客和第三方顾客）的立场不同，可能有不同的看法。

二是根据顾客不当行为是否违背社会规范来定义。比如 Fullerton 和 Punj（2004）认为顾客不当行为（customer misbehavior）指顾客违反消费场景中可接受的规范，并且破坏正常消费秩序的行为。此定义被广泛采用。Ma 等（2009）进一步对社会规范进行了界定，指出社会规范包括道德性规范（如社会伦理、社会习俗等）、契约性规范（如服务规程、契约等）和行政性规范（如法律、法规、企业制度等）。和刘汝萍等（2012）一样，本书也采用了 Fullerton 和 Punj（2004）的定义，突出了不当行为违反社会规范的特性。

2.1.2　顾客不当行为的类型

对顾客不当行为，众多学者提出了各式各样的分类，但很多分类过于细致且划分的角度不同，反而不利于我们对顾客不当行为的理解和把握。下面介绍一些有代表性的分类。

Bernstein（1985）将在商店顺手牵羊的顾客分为专业型窃贼、习惯型扒手、冲动型扒手、酗酒型扒手和有偷窃癖者五类。Bitner 等（1994）运用关键事件法，从一线服务员工的角度将不当行为分为四类：对服务员工或其他顾客的口头或身体侵犯；表现粗鲁并提出不合理要求；破坏气氛和其他顾客消费体验的"醉酒"行为；破坏服务规则。Hoffman 和 Bateson（1997）将不良顾客分为自己利益至上的利己主义型（egocentric edgar）、辱骂型（bad-mouth betty）、喧哗的歇斯底里型（hysterical harold）、无礼傲慢的蛮横型（dictatorial dick）、使用欺骗手段或无故拒付费用的占便宜型（freeloading freda）等几种类型。Lovelock（2001）按照不当行为的性质将顾客分为偷窃者（thief）、违反规则者（rule breaker）、大声喧哗的好战者（belligerent）、同其他顾客争吵的内讧者（family feuders）、破坏服务设施的破坏者、信用不良者（deadbeat）等几种。

Fullerton 和 Punj（2004）将 34 种顾客不当行为分为针对服务员工、商品、其他顾客、企业资产以及有形或无形契约五类。Harris 和 Reynolds（2004）根据是否以获取经济利益为目的和是否是故意的这两个标准，将不当行为分为辱骂、身体虐待、性侵犯、报复、不合理索赔、滥用财物等。金立印（2006）根据受影响对象的差异，把第三方顾客不当行为分为"针对服务组织的不当行为"和"针对其他顾客的不当行为"。Berry 和 Seiders（2008）将不良顾客分为抱怨者、辱骂者、无理退货者、机会主义者、破坏规则者五类。

对顾客不当行为进行分类有助于更准确把握各种顾客不当行为对不同利益相关者的影响（Lee et al.，2002），本书关注的是"针对其他顾客的不当行为"。

2.1.3 顾客不当行为产生的原因

关于顾客不当行为产生的原因，Fullerton 和 Punj（1993）归纳出顾客特质和倾向（consumer traits and predispositions）以及交易环境和营销机构特点（characteristics of the exchange setting and marketing institutions）这两大类因素，认为这两类因素交互作用导致了顾客不当行为。交易环境和营销机构特点包括比如物理环境、产品或服务类型、防范措施的类型和水平、营销人员的行为和态度以及企业的公众形象。服务环境（如服务场所的安静程度、温度、播放的音乐等）和服务等待时间等因素会影响顾客攻击行为（如破坏服务设施等）的频率和程度（Rose et al.，1999）。

顾客的特质和倾向包括人口统计特质、心理特质、社会或团体影响和顾客之前的情绪。其中心理特质包括人格特质、对大公司的态度、寻求刺激的倾向、未被满足的愿望、心理问题、伦理发展程度等因素。比如，有些顾客把不当行为视为寻求挑战和刺激的手段；有些顾客缺乏社会公德，意识不到自身行为的性质；有些顾客认为不当行为被发现和惩处的概率很低；还有些顾客认为自身的权益无法通过正常途径实现。Michele（2001）的实证研究发现，顾客顺手牵羊行为受机会、感知风险、顾客对顺手牵羊的态度和社会因素的影响。Wirtz 和 Kum（2004）的实验研究发现，高道德水平和高自我监测水平的顾客，利用服务保证进行欺骗性退货的意愿更低。Reynolds 和 Harris（2009）通过实证研究发现导致欺骗性退货的原因包括：对退货规则的熟悉程度、过去的欺骗性退货经验、社会规范、是否在意他人对自身行为的看法等。

在服务接触中，感知公平和对服务不满引发的负面情感也是导致顾客产生不当行为的重要原因。当顾客对与其接触的服务员工不满时，会产生不愉快的情感反应，严重时会实施诸如辱骂之类的不当行为（Richins，1983）。Huefner 和 Hun（2000）认为当顾客感到服务不公时，可能会实施报复来获取物质或心理补偿，以恢复公平感知。金立印（2006）研究发现，顾客低水平的服务公平感知会增加顾客负面的情感反应，减少心理承诺，从而导致顾客产生针对其他顾客或服务企业的不当行为。

Fullerton 和 Punj（2004）指出，旨在促进消费的各种营销活动无意中刺激了消费者的负面行为。"消费者永远是对的"的经营理念赋予了消费者不对等的权利，加剧了顾客的侵犯行为；为了防止顾客流失，服务组织倾向于忍受顾客不良行为（Grandey et al.，2004；Bishop et al.，2005）。Fullerton 和 Neale（2011）认为企业的规模和顾客实施不当行为有关，顾客更可能"欺负"大企业。

总之，顾客特质、交易环境、营销机构特点、顾客公平感知、消费者地位过高等因素和顾客不当行为的发生息息相关。关于顾客不当行为产生的原因的实证研究还比较缺乏，可能是缺乏科学的测量顾客不当行为的量表导致的（刘汝萍 等，2010）。

2.1.4　顾客不当行为的危害

Harris 和 Reynolds（2003）采用定性研究的方法，对顾客、管理人员和前台员工进行了深度访谈，率先较为全面地探析了顾客不当行为的后果。他们的研究发现：顾客的不当行为不但影响其他顾客的消费体验，在顾客群里产生示范效应，导致不当行为被模仿与蔓延；而且会给服务员工造成长期心理问题（如焦虑、失眠等）和短期情绪困扰（如压力感、挫败感、烦恼、气愤、憎恨、恐惧等），降低员工生产率，给服务企业造成直接或间接的经济损失。刘汝萍和马钦海（2010）认为顾客不当行为甚至会破坏社会和谐，对国家形象产生负面影响。我们从以下几个方面来详细说明其危害。

（1）对服务企业员工的影响

有的学者研究了顾客不当行为对服务提供者（员工）的影响。顾客的脚踢、扇耳光等不当行为可能对员工身体造成损伤（Boyd，2002），而且员工的个人财物也可能成为顾客侵犯的对象（Harris et al.，2003）。Grandey 等（2004）通过对呼叫中心的员工的研究发现：一线员工每天平均受到十次来自顾客的叫嚷、侮辱、诅咒等言辞侵犯；顾客的言辞侵犯频率和员工的压力评估和情感耗竭正相关；员工的压力评估会进一步导致情感耗竭；最后，员工的压力评估和情感耗竭会导致更高的员工缺勤率。

（2）对同属顾客的影响

处于同一服务环境的顾客，互为同属顾客。在研究服务接触、服务失误与服务补救时，学者们发现第三方顾客不当行为也会影响同属顾客对服务企业的满意度（刘汝萍 等，2010）。Bitner et al.（1994）使用关键事件分析法对航空、酒店、餐饮等典型的服务行业进行了调查，发现导致顾客不满意的事件中，22％是由第三方顾客不当行为引起的；问题顾客是除服务提供系统错误、员工对顾客需求反应失误以及员工不当行为之外的第四大导致服务失败的因素。顾客不当行为会在心理、经济等方面给其他顾客带来不必要的附加成本（Fullerton et al.，1993）。Grove 和 Fisk（1997）对排队等候中的第三方顾客行为的调查发现，57.4％的礼仪性行为（如插队、踩脚、儿童叫嚷、责骂等）和42.6％的社交性行为（如不友好、粗鲁等）会让顾客不满。Huefner 等（2000）发现顾客不当行为甚至会导致极端报复行为。事实上，顾客的不当行为广泛存在，而且可能成为其他消费者放弃某项服务的原因（刘汝萍 等，2012）。

以上研究比较清晰和充分地说明了第三方顾客不当行为负向影响着顾客对服务企业的满意度，但这些研究尚缺乏对内在机理的探析。

2.1.5 顾客不当行为的预防和管理

在上述有关顾客不当行为类型和影响因素的研究中，众多学者也提出了治理顾客不当行为的方法和建议。有代表性的观点如下：

Fullerton 和 Punj（2004）认为教育和威慑是企业常用的两种控制顾客不当行为的方法。教育指通过沟通和感化，提升顾客对不当行为的性质和危害的认识，强化社会公德心，使顾客遵守社会规范，从而减少不当行为；威慑指利用正式或非正式的制裁或惩戒手段来控制和预防不当行为。一贯的和系统的威慑手段可以增加顾客对实施不当行为的成本和风险感知，从而减少或预防不当行为的发生；不过，如果威慑政策运用不当，就会使顾客产生敌意。

Harris 和 Reynold（2004）以及金立印（2006）认为应该通过对一线员工的培训，让员工能识别并及时恰当处理各种顾客不当行为，尽快消除负面影响。Berry 和 Seiders（2008）认为，管理者可以通过区别对待顾客，比如奖励正直的顾客或惩罚不正直行为来增强顾客对公平的感知，强化顾客行为规范。Ma、Liu 和 Liu（2009）认为合理的服务流程、服务内容和程序的恰当展示、正确引导、采纳顾客行为建议等，可以减少顾客违反社会规范的行为。刘汝萍和马钦海（2010）认为好的服务场景设计（比如拥挤程度、温度和道德标语等）可以减少顾客实施财产或身体侵犯等不当行为。

2.1.6 第三方顾客不当行为对顾客满意和行为意向的影响的近期主要研究模型、结论和简评

（1）学者 Wen-Hsien Huang（2008）研究了其他顾客失败（由其他顾客不当行为引起的服务失败）对顾客满意的影响。Huang（2008）采用经历回忆抽样法，通过对我国台湾地区北部某大型购物中心 252 位顾客的实证研究发现：企业对顾客不当行为的可控性会正向影响顾客对企业责任的判定，企业责任进而负向影响顾客满意；企业的责任增加顾客的补救期望，但补救期望对满意的影响不显著；而不当行为的稳定性对感知企业责任没有显著的影响；感知员工努力对顾客满意有积极影响；不当行为的严重性对顾客满意有负向影响，但对补救期望的影响不显著。其研究模型和结论如图 2-1 所示。

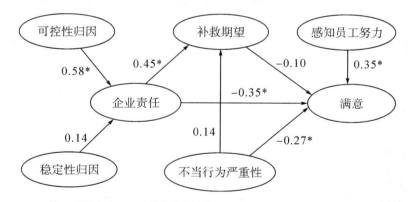

注：* 表示在 $p < 0.05$ 的水平上显著。

图 2-1　Huang（2008）提出的其他顾客不当行为对顾客满意的影响概念模型

Huang（2008）对第三方顾客不当行为的研究，开了顾客不当行为对顾客满意影响机制实证研究的先河。他确定的一些主要的研究变量，如可控性、感知责任、满意、严重性和感知员工努力等，被后续研究沿用，成为研究顾客不当行为的核心变量。其不足之处在于，忽略了感知企业责任和感知员工努力之

间的交互效应，另外也没有探讨第三方顾客不当行为对顾客重购、抱怨等行为倾向的影响。

（2）学者刘汝萍、马钦海和赵晓煜（2012）在 Huang（2008）的研究基础上，舍弃了不当行为稳定性和严重性两个变量，但进一步考察了在发生第三方顾客不当行为时，顾客的报复和离开倾向，同时重点考察了顾客与企业之间的关系质量的调节作用。其概念模型如图 2-2 所示。

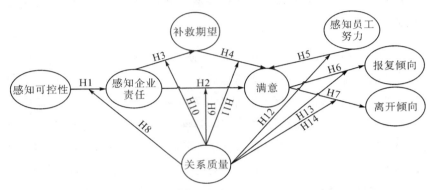

图 2-2 刘汝萍等（2012）提出的"其他顾客不当行为对满意和
行为倾向的影响及关系质量的调节作用"概念模型

刘汝萍等（2012）借鉴 Huang（2008）的经历回忆抽样法，在沈阳繁华地下商业街收集到 446 份问卷，其研究不仅再次验证了 Huang（2008）的一些主要结论，而且发现在发生其他顾客不当行为的情景下，顾客的不满会导致顾客更强烈的离开倾向，但顾客的不满对顾客报复倾向的影响不显著。对关系质量调节作用的研究显示，关系质量分别对感知企业责任和感知员工努力对满意的影响有调节作用。与低关系质量的顾客相比，高关系质量的顾客的感知企业责任对顾客满意影响更小，而感知员工努力对顾客满意的影响更大。同时，高关系质量还会弱化顾客的不满对顾客离开倾向的影响。也就是说，企业与顾客之间的良好关系有助于减少顾客不当行为带来的负面影响。研究结论如图 2-3 所示。

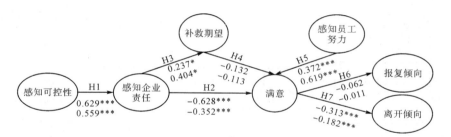

注：上方数字代表低关系质量组，下方数字代表高关系质量组。粗线表示关系质量的调节作用显著。* 表示在 $p<0.05$ 的水平上显著；*** 表示在 $p<0.001$ 的水平上显著。

图 2-3　刘汝萍等（2012）"其他顾客不当行为对满意和行为倾向的影响及关系质量的调节效应"研究的主要结论。

刘汝萍等（2012）的研究不仅进一步验证了 Huang（2008）的主要研究结论，还增加了对顾客行为倾向的影响研究，探讨了顾客关系的调节作用。不过，刘汝萍等（2012）的研究和 Huang（2008）一样，没有把感知责任和感知员工努力综合起来考虑，也忽略了不当行为严重性对顾客满意度和行为意向的影响。另外，刘汝萍等（2012）只研究了顾客负面的行为倾向，事实上通过积极补救，顾客完全可能恢复满意度，甚至出现高水平的正面情感反应，从而产生正面口碑、重购等行为倾向。所以这些正面的行为意向也应纳入研究。

（3）张广玲、王辉和胡琴芬（2013）的研究在很大程度上重复了刘汝萍等（2012）的研究，他们把一些变量名称进行了更换和细化，比如把关系质量分为偶遇关系和信任关系、把责任归因分为归因于实施者和归因于企业，还增加了对不当行为的模仿和重购两个新的行为意向变量，但舍弃了企业补救方面的变量。他们通过研究网上收集的 216 份问卷后发现，对不当行为的归因对顾客不满、顾客的重购和退出行为有直接影响，并通过顾客不满这个中介变量间接影响对不当行为的模仿行为；与偶遇关系相比，信任关系能在一定程度上减少顾客不满，从而增加顾客重购意向，减少退出和模仿行为倾向。其研究模型如图 2-4 所示。

张广玲等（2013）重复检验了刘汝萍等（2012）的主要研究结论，但却舍弃了企业服务补救、可控性感知、严重性等方面的变量，使得研究模型和结论显得有些简单和重复。

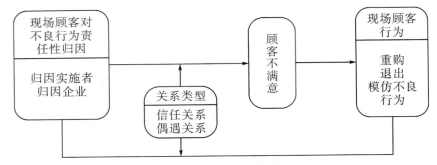

图 2-4　张广玲等（2013）"顾客不良行为对现场顾客行为的影响
——基于归因理论的研究"概念模型

总之，上述研究均着眼于感知服务组织责任和感知员工努力分别对顾客满意的独立影响，忽略了感知服务组织责任和感知服务组织努力程度对顾客满意的影响存在着交互效应。而且，顾客情感也并非满意和不满意所能表达。在发生第三方顾客不当行为的情况下，顾客的典型行为还包括重购意愿和口碑等。

2.1.7　小结

本部分回顾了顾客不当行为的含义、顾客不当行为的类型、顾客不当行为产生的原因、顾客不当行为的危害、顾客不当行为的预防和管理。另外还特别梳理了近期第三方顾客不当行为对顾客满意和行为意向影响的三个研究模型、结论和不足。Huang（2008）和刘茹萍等（2012）的研究是本书最重要的参考文献和研究基础，对它们的分析和评论，使本书的研究建立在前人相关研究的坚实基础上，同时有助于从不足中找到新的研究方向。

2.2　归因理论（attribution theory）研究述评

本部分主要内容包括：归因理论的起源和基本思想；归因理论框架的建立与扩充；归因理论的三个维度；归因理论在营销和服务补救研究中的重要作用；第三方顾客不当行为研究中的归因。

2.2.1 归因理论的起源和基本思想

归因理论最早是由心理学家海德（Heider）在 1958 年出版的《人际关系心理学》一书中提出的。海德认为人们都有理解、预测和控制周围环境的需要，为了满足这种需要，人们会基于各种线索对发生的事件或行为的原因进行推测和解释，人们几乎每时每刻都在有意识或无意识地进行着归因活动。归因是我们对环境知觉的一部分，"人只要对环境进行认识，归因就自然会发生"（Heider，1958）。

所谓归因，就是指对原因的知觉或推测，指消费者根据自己的感受和经验，对服务提供者、其他顾客或自己的行为的发生原因进行推测和解释的心理过程（张春兴，1997）。人们会对自己或他人的行为进行解释与推论，进而对周围的环境和其他人的行为进行认识、预测或控制（韩仁生，1994）。

归因研究大体上可分为对归因前提和归因后果的研究两类。前提指影响归因的因素，比如信念、动机和信息等；后果指归因可能对顾客的行为、情感和期望等产生的影响。

2.2.2 归因理论框架的建立与扩充

海德（Heider，1958）作为归因理论的奠基人，提出了行动朴素分析理论，为归因理论勾画了基本框架和指明了主要理论问题。琼斯和戴维斯（Jones et al.，1965）的相应推断理论以及凯利（Kelley，1967）的协变理论扩充和发展了归因理论框架。

（1）海德的素朴心理学（naive psychology）

海德（1958）认为虽然普通人没有受过心理学的科学训练，不懂行为分析的科学原则，但是他们仍然能理解、分析和预测他人的行为。所以，每一个人都是朴素心理学家（naive psychologist），都掌握着人们行为的因果关系的一般理论思想。海德的朴素心理学系统地阐述了朴素心理学家理解他人行为的过程。

海德认为被推论出的原因可以划分为内因和外因两大类。内因（internal attributions）是指行动者本身的因素，如人格、品质、动机、情绪、态度、心境、能力和努力等；外因（external attributions）是指行动者周围环境中的因素，如外部压力、运气、任务难度、其他人的行为等。比如，一个人如果能力大于工作难度，并且他朝期望的方向努力了，如果出现了期望的结果，这时人们通常将成功归因于内因，即自身的努力；如果没能成功，则倾向于归因于环境。

海德（1958）开创性提出的归因理论产生了深远的影响，他对原因所做的内—外维度的划分，被后来的学者采纳和沿用。不过，海德没能对意图在评估原因时的重要性等问题进行深入研究。

（2）琼斯和戴维斯的相应推断理论（correspondent inference theory）

琼斯和戴维斯（1965）注意到了在归因时人的意图的重要性，并提出了相应推断理论。根据该理论，只有有意图的行为才能反映一个人的内在特质。要对一个行为做内在特质归因，首先要判断这个行为是偶然的还是故意的。琼斯和戴维斯（1965）认为，行动者的认识和能力是判断意图性的两个标准。也就是说，如果一个人知道其行为结果，并且有能力去达成那个结果，那么这个行为就被认为是有意的。

"相应推断（correspondent inference）"指知觉者判断行动者的行为与某个特殊品质相对应或由某个特殊品质引起（刘世奎，1991）。也就是说我们可以直接从行为中推断出内在特质。比如，通常我们把某人的攻击性行为归因于其攻击性人格特质。相应推断理论说明了人们如何做出从行动到特质的推断，它扩充和发展了归因理论，使其更具科学性和合理性。

（3）凯利的协变理论（covariation theory）

凯利（1967）认为结果总是伴随着一定的原因而产生的，人们往往会把那些与特定行为有固定和内在联系的条件看作行为的原因。如果条件存在结果也存在，条件消失结果也消失，那么这种结果就被归因于这种条件。凯利把这种原因和结果之间的共存和随变的关系称为协变（covariation）。

具体来讲，人们往往是根据区别性信息、一致性信息和一贯性信息三个因素对行为进行归因。区别性信息（distinctiveness）指行动者是否对其他同类刺激也做出相同反应。一致性信息（consensus）指其他人对同一刺激是否以相同的方式反应。一贯性信息（consistency）指行动者是否在任何时候和任何场景下都对同一刺激做出相同的反应。

凯利提出的协变理论的突出特点是归因过程分析的严密性和逻辑性，对人们的归因过程的分析和解释更加细致和科学。当然，不足之处在于，这种模式比较理想化，可能会脱离普通人的归因实践。事实上，普通人都是基于自己的需要对行为快速地做出归因，并不会对各种信息进行复杂的计算。

2.2.3 归因理论的三个维度

海德（1958）把原因分为个人（内因）和环境（外因）两种，韦纳（Weiner，1980）继承和发展了这一观点。韦纳进一步把原因按特性分为三个维度，即内外源维度（内部－外部）、稳定性维度（稳定－不稳定）、可控性维度（可控－不可控）。

内外源维度（locus），有些学者翻译为归属性，如刘茹萍等（2012），指的是归因者感知事件是本人还是外界的原因造成的。内部归因会影响个体自我形象的形成，而外部归因不影响自我形象。将成功归因于自身的努力和能力，会让人感到自豪和自尊；将失败归因于自身缺乏能力或努力不足，会让人感到内疚、惭愧或自卑。

稳定性维度（stability）指事件发生的原因是否会重复出现。稳定性的归因可导致人期望再次出现曾经的结果。比如，将成功归因于能力或任务难度等稳定性因素，人们将期望还会成功。相反，如果将失败归因于缺乏能力等稳定性因素，那将可能再次遭遇失败，并导致郁闷或冷漠的情绪，产生放弃该任务的倾向，减少个体努力。所以，期望的增减直接与稳定性维度相关。

韦纳首次提出可控性维度（controllability），它指行动者是否能控制其行为的结果。它常成为人们评价自己和他人的基础，可控性维度的归因会影响人的情绪反应。比如，将失败归于自己可以控制的行为（比如努力不够）会导致内疚的情绪，归因于他人的可控制的行为（如干扰、阻碍等）会使人产生愤怒。将他人的失败归因于他人不可控的因素（比如残疾、天灾等）会激发人的同情心，并激发助人为乐的行为。

每一种原因维度都与一组情感反应紧密关联。内外源维度主要与自尊（自豪或自卑）有关，稳定性维度与自信心相关，可控性维度归因与愤怒、羞愧和同情等相关。

通过这三个维度的组合（内外源、稳定性、可控性），我们可以得到八种情况。每种组合都会产生特定的期望和情绪。例如，如果把成功归因于能力这种内部的、稳定的和不可控的原因，人就会期望以后继续成功，并伴随自豪和胜任感；而运气是外部的、不稳定的和不可控的，如果把成功归因于运气，对未来成功就不会抱期望。韦纳（1986）的研究发现，由归因导致的情感反应和期望变化可以激发、增进、削弱或消除个体的某种行为。

2.2.4　归因理论在营销和服务补救研究中的重要作用

归因理论以认知的观点看待动机，在心理学和营销学界十分流行。归因理论被广泛地应用于教育、营销、临床等领域，为探寻人类行为的原因并为矫正人们的行为提供了理论依据。

归因理论被广泛地用于分析服务失败对顾客情绪的影响（Swanson et al.，2001）。在产品或服务失败的情景下，把失败归因于卖方更可能产生下列后果：①顾客对企业的抱怨和对他人的警示（Richins，1983；Curren et al.，1987）；②顾客满意度降低（Oliver et al.，1988）；③增强顾客认为企业该道歉或者退款的信念（Folkes，1984；Kelly et al.，1993）。在评估服务补救结果时，顾客会识别结果的潜在原因和各方对解决服务失败的责任；此外，通过对原因的分析，消费者会试图发现在类似环境下结果是否会再出现（Swanson et al.，2001）。

研究证实负面消费经历中的归因对消费者的情感和行为反应是一个关键的影响因素。归因可以影响顾客对补救的期望（Folkes，1984、1988）和未来重购意愿（Folkes et al.，1987）。研究发现顾客越是认为服务失败是由服务企业导致的（内外源维度）、可能再次发生的（稳定性维度）且本来可以被避免的（可控性维度），那么他们越可能抱怨（Folkes，1984；Krishnan et al.，1979）。对顾客航空服务经历的实证研究显示，乘客报告的航班延误原因显著地影响着他们对航班延误的反应（Folkes et al.，1987）。Chebat 等（1995）研究顾客被迫等待的情景下顾客的情绪和归因对服务质量感知的影响，研究发现归因会影响对服务质量的评价。Bitner（1990）发现当顾客把服务失败归于内部因素而不是外部因素（服务企业）时，归因于企业不可控的因素而不是可控的因素时，归因于不稳定因素而不是稳定因素时，顾客对服务失败的负面反应更少。

2.2.5　第三方顾客不当行为研究中的归因

归因理论，尤其是其三个维度，在第三方顾客不当行为的相关研究中发挥着重要的作用。

在服务失败的场景下，内外源维度指服务失败是由顾客本人还是由服务企业造成的（Poon et al.，2004）。第三方顾客的不当行为，显然不是同属顾客自己的原因造成的，顾客会判断这是第三方顾客的责任还是服务企业的责任。本书通过顾客感知服务组织责任这个变量来反映顾客对责任归属的判断。感知服务组织责任指顾客觉得在多大程度上服务组织应该为第三方顾客不当行为负责（Chebat et al.，1995）。

在产品或服务失败的情况下，稳定性归因会影响顾客偏好的赔偿类型，"与不稳定的原因相比，稳定的归因让顾客更强烈地偏好退款而不是更换"（Folkes，1988）。当顾客感知是持续稳定的而非偶发的因素（比如管理混乱、员工技能不足等）导致产品或服务失败时，顾客认为失败会再现，并会表达退款的愿望。如果失败被认为是偶然的、不稳定的因素导致的时候，顾客会期待后续产品或服务会改善，固而更愿意更换产品或服务（而不是退款）。

感知可控性指顾客感知的服务组织对第三方顾客不当行为产生原因的控制程度，主要涉及顾客认为组织或者个人是否本来能够阻止不当行为的发生（Hess et al.，2003；Weiner，2000）。如果顾客认定服务失败的责任方对原因有控制力，则他们会更生气，重购意愿更低，抱怨意图更高（Folkes et al.，1987）。Weiner（2000）指出可控性维度的归因感知会影响消费者责任归属的判断和报复行为，这在 Huang（2008）和刘汝萍等（2012）的实证研究中得到了证实。

2.2.6　小结

本部分详细地梳理了归因理论的起源和基本思想、归因理论框架的建立与扩充和归因理论的三个维度。尤其是着重回顾了归因理论在营销、服务补救和第三方顾客不当行为研究中的应用和研究成果。归因理论是本书最重要的支柱理论之一，对归因理论的详细文献回顾和梳理，对熟悉和掌握归因理论在第三方顾客不当行为研究中的应用现状、提取相关的核心变量、构建模型和假说推理都有至关重要的作用。

2.3　公平理论（equity theory）研究述评

本部分主要包括：公平理论的起源和基本思想；组织行为学中公平理论的三个维度；公平理论在营销管理中的应用；公平理论在顾客不当行为和服务补救研究中的应用；感知服务组织努力程度的含义。

2.3.1 公平理论的起源和基本思想

公平理论又称社会比较理论，是组织行为学中研究人的动机和知觉关系的一种激励理论，最早由亚当斯（Adams，1965）提出。1965年，美国心理学家斯塔西·亚当斯对工资分配对员工工作积极性的影响进行了长期的调研，并提出了公平理论（equity theory）。该理论认为，报酬的绝对值不是唯一影响职工工作积极性的因素。职工会将付出的劳动与所得到的收入与他人进行横向比较，还会与自己过去的付出与收入进行纵向比较，这种比较的结果（公平感知）也会影响到工作积极性。

2.3.2 组织行为学中公平理论的三个维度

以下是组织行为学中公平理论的三个维度：

（1）结果公平（distributive justice，也称为分配公平）

亚当斯（1965）最早提出的公平理论，主要涉及收入的分配是否公平，就是对分配的结果的公平性感知，所以也被称为结果公平。

公平理论的方程式是：$Qp/Ip=Qo/Io$。（Qp 代表感知的自己报酬，Ip 代表对自己投入的感知，Qo 代表感知的他人报酬，Io 代表对他人投入的感知）当等式成立时，人们觉得公平，否则觉得不公平。

如果 $Qp/Ip<Qo/Io$，员工会觉得吃亏：当事人可能要求组织增加自己的工资或降低今后工作的努力程度，以便使 Qp/Ip 增大，使等式相等；其也可能要求组织减少比较对象的收入或者增加对方的工作任务，使 Qo/Io 减小，使等式趋于相等。最后，当上述措施均无法实施，或者达不到目的后，当事人还可能改变比较对象，所谓"比上不足，比下有余"，从而恢复公平感知。也可能通过抱怨、或明或暗地给对方制造麻烦等方式发泄不满，甚至辞职走人。

如果 $Qp/Ip>Qo/Io$，员工会因为自己投入少、得到多而产生幸福感或负疚感。他可能要求减少自己的报酬或自动多做些工作来减少负疚的感觉。

亚当斯（1965）的结果公平理论揭示了人们不公平感的原因和规律，受到了企业界的广泛重视，不过由于很难量化获得的报酬和付出的劳动等原因，在实际应用上存在一些局限。

（2）程序公平（procedural justice）

Folger 和 Cropanzano（1998）认为程序公平就是"在决定报酬时采用的方

法、机制和过程中的公平议题"。20 世纪 70 年代中期，Thibaut 和 Walker 开始研究法律程序的公正性问题，首次提出了程序公平的概念；他们认为只要人们有权对过程进行控制，无论结果如何，都会显著增强公平感。Austin（1979）认为公平性不仅包括结果公平性，还包括获得这个结果的过程和方式的公平性。Leventhal（1980）把程序公平的观点引入组织情境中，当员工认为分配决策的程序公平和透明时，便会受到激励，更努力地工作。不公平的决策过程与较低的组织承诺、较低的组织公民行为、较高的跳槽意向、低工作表现和较多的偷窃等负面行为相关（Cropanzano et al.，1997；Folger et al.，1998）。

（3）互动公平（interactive justice）

Bies 和 Moag（1986）发现程序公平可以细分为两种相互联系又有区别的类型：第一类是过程而非人际接触的公平，即程序公平；第二类是在执行程序时人们所接受的人际对待的公平，被称为互动公平。人力资源管理中的互动公平指上级与员工在交往中，是否公正对待员工，上级是否平等、礼貌和真诚地与员工互动。后来，Greenberg 和 Folger（1983）又将其分成"人际公平"和"信息公平"两种。"人际公平"，指在做决定时，上级对下属是否尊重和有礼貌等；"信息公平"，指上级是否向当事人传达了必要的信息或进行了必要的解释说明。Clemmer 和 Schneider（1996）认为互动公平应该包括诚实、无偏见、友好、礼貌、关注和敏感这六项内容。

2.3.3 公平理论在营销管理中的应用

（1）结果公平

结果公平指顾客在购买产品或服务后对购买结果产生的心理感知。Huppertz、Arenson 和 Even（1978）借鉴组织行为学领域的公平理论思想研究顾客满意，提出顾客会比较产品投入（比如购买的价格、投入的精力等）与产出（如产品的性能、质量、可靠性等）之间的关系，如果投入与产出的比率相当，顾客会觉得企业在公平地对待自己，从而感到满意；反之则感到不满。Messic 和 Cook（1983）认为在平等的交易中交易方会评估交易所得的结果是否与自己的付出成比例，评价得失是否平等。Smith、Bolton 和 Wagner（1999）认为在服务领域，顾客通过对服务的价格、质量、数量、准确性、卓越性等方面来感知服务结果公平。

Reis（1984）的研究发现，人们对结果公正的评价除了考虑得失平等性，还会考虑同等性和符合需要性。同等性指顾客会把自己得到的产品和服务与其他顾客进行比较。如果顾客发现其他顾客在同等情况下，支付的价格更低或得到的更多，则顾客会感到不公平，进而产生不满情绪和抱怨。比如我们不时能看到这样的报道：顾客购房后，开发商大幅降价，已购房的顾客非常不满，纷纷谴责开发商甚至威逼开发商退房。Blodgett 等（1997）认为在服务营销中，同等原则比得失平等原则更加重要。符合需要性指分配的结果应符合顾客的需求（Tax et al.，1998）。

（2）程序公平

营销中的程序公平主要涉及交换中制定决策和解决冲突的方针和政策（Lind et al.，1988），它反映了决定成果分配的程序是否顾及客观公正性和顾客的利益（Goodwin et al.，1990）。Leventhal（1980）认为公平的决策程序应符合以下原则：决策者没有偏见、决策程序的一致性、决策信息准确无误、决策者兼顾各方利益、基于社会公认的道德准则进行决策和决策者能及时纠正决策错误。在服务营销方面，Clemmer（1993）把服务企业的效率、灵活性、敏感性和顾客等待时间作为感知程序公平的主要维度。Smith、Bolton 和 Wagner（1999）认为顾客通过对服务程序、服务标准、等待时间和等待程序等方面来感知服务程序公平性。Parasuraman、Zeithml 和 Berry（1985）以及 Bitner 等（1990）认为上述维度能反映它们与顾客满意以及服务品质的联系。

（3）互动公平

Vermunt 和 Van der Meer（1993）认为必须区别政策本身和政策的执行，完善的政策不一定会被很好地执行。Smith、Bolton 和 Wagner（1999）认为顾客通过对服务员工是否理解顾客要求、亲切礼貌待客、关心顾客利益、耐心服务、诚信无欺等人际交往方面来感知服务互动公平性。Bies 和 Shapiro（1988）认为互动公平和真诚、坦率、对顾客的关注程度和是否提供解释相关。Parasuraman 等（1985）认为影响互动公平感知的主要因素是企业的移情和保证。Clemmer（1993）认为友好、礼貌、关注及敏感性会影响互动公平感知。

2.3.4　公平理论在顾客不当行为和服务补救研究中的应用

在服务失败与服务补救研究中，公平理论被用于分析和解释顾客的公正性感知对顾客满意感和行为意向的影响。顾客在遭遇服务失误后，通常会感觉自己没得到公正的对待（申跃，2005）。Schneider 和 Bowen（1999）认为与公平的服务经历相比，顾客对不公平的经历的反应要强烈得多。所以，企业在服务补救过程中努力提高消费者的公平感知至关重要（Peng et al.，2004）。

Bies（1987）认为在遭遇服务失败、进行投诉和接受服务补救的每个环节，顾客都会产生公平感知。Blodgett 等（1993）和 Maxham 等（2002）认为感知公平这个变量可以很好地解释和预测顾客在抱怨后的态度和行为意图。Tax 和 Brown（1998）发现，结果公平、程序公平和互动公平可以解释大约85％的服务补救满意度。我们下面进一步从这三方面进行说明：

（1）结果公平（distributive justice）关注企业补救行动的结果，主要涉及抱怨的顾客对企业有形补救的心理感知。Huppertz、Arenson 和 Evans（1978）认为结果公平感知对顾客满意有显著的影响。Oliver 和 Desarbo（1988）以及 Oliver 和 Swan（1989）认为补救结果公平感知与顾客服务品质评价和重购意愿高度正相关。Kelly 等（1993）认为有形补救包含折扣、赔偿、赠送礼品及提高信用等级等，服务补救只有提供与顾客感知的损失相符的经济补偿，才能让顾客感觉受到公平对待，进而得到顾客对补救的积极评价。Tax、Brown 和 Chandrashekaran（1998）的研究发现，如果服务失败给顾客造成了经济损失，经济补偿更能提高顾客的结果公平感知，导致较高的顾客满意度。除了经济补偿，有效的结果公平补救方式还包括服务修正和完全更换。另外，提供的有形补偿是否符合顾客的需求，也会影响结果公平感知（Blodgett et al.，1995）。比如，对于在本地短暂停留的外地游客或商务人士，如果餐厅在服务补救时提供未来消费的现金抵扣券，就不能让顾客感到结果公平。

（2）程序公平（procedural justice）关注服务补救过程的及时性、灵活性和方便性。众多学者的研究发现，顾客在投诉以后，非常重视服务企业处理失误和解决冲突的速度（Hart et al.，1990；Kelly et al.，1993；Clemmer et al.，1996）。对同样的补救方案，"快速"执行比"拖拖拉拉"更可能赢得顾客较高的程序公平评价，从而提高顾客的满意度和减少顾客流失。另外，Katz 等（1991）以及 Venkatesan 和 Anderson（1985）的研究都揭示，长时间等待会引起顾客的不公平感，进而造成顾客的不满。Taylor（1994）的研究进一步发现，当顾客烦躁不安时，等待对程序公平感知的负面影响尤其明显，顾客甚至会认为服务企业在故意拖延时间。其他影响程序公平感知的因素包括投诉方便性、处理效率、时间安排合理性和能否满足顾客个性化的补救期望等。投诉便利性涉及相关的政策、程序、方便顾客抱怨和投诉的设施和工具。

（3）互动公平（interactional justice）是在服务补救的过程中，顾客对企业对待自己的方式的公平感知，比如工作人员是否尊重、有礼貌、富有同情心、积极主动解决问题、对失败原因进行了解释和道歉等（Bies et al.，1986；Bies et al.，1987）。Mohr（1991）认为服务企业的补救努力程度是影响顾客互动公平感知的关键因素。Goodwin和Ross（1992）运用公平理论研究顾客对服务失败的反应，研究揭示，当顾客收到道歉或有机会向服务代表表达关切时，满意度和公平感都增强了。Johnston（1995）认为主动补救可以提高消费者对服务提供者的评价。Blodgett等（1995）的研究证实，服务员工如果能在服务补救时，表现出重视、关切、体贴、道歉等态度，将有助于顾客对企业产生正面的评价。Tax等（1998）认为解释、礼貌、正直、同情和努力是交互公平的五个基本要素。道歉和主动补救是非常重要的提高互动公平感知的补救方式。

总之，顾客根据感受的结果公平、程序公平和互动公平来评价企业的服务补救策略。Oliver和Swan（1989）以及Blodgett、Hill和Tax（1997）的研究证实公平感知会影响顾客满意度、口碑和重购意愿。Clemmer和Schneider（1996）认为服务公平性感知对顾客满意和重购意向有显著的直接影响。Hoffman等（1995）认为企业对服务失败进行补救时，应从结果、程序和互动三个方面来提升顾客对服务补救的公正性感知；如果顾客感知服务企业服务补救在结果上，程序和互动上都是公平的，则会增强对企业的心理承诺，变得更加忠诚；相反，如果顾客在补救过程中感觉不公平，则会产生失望、不满、愤怒等情感反应，进而产生抱怨、报复、索赔等行为。

2.3.5　感知服务组织努力程度的含义

当发生第三方顾客不当行为时，服务企业通常会采取措施对不当行为进行处理和控制，如及时劝阻不当顾客、对受影响顾客进行心理或经济补偿等，其实质是对第三方顾客不当行为造成的服务失败的补救。Huang（2008）将这类服务失败称为"其他顾客服务失败"（other-customer failure）。大量的研究表明，服务补救的响应速度、主动性和补救方式对顾客满意度有直接的影响（Stewart，1998；Smith et al.，1999；Swanson et al.，2001；彭军锋 等，2006；唐小飞 等，2007）。

我们从顾客感知的角度，用"感知服务组织努力程度"这一变量来衡量服务企业的补救措施。感知服务组织努力程度指顾客感知服务组织投入补救第三方顾客不当行为的时间、精力和其他资源的多少（Mohr et al., 1995；Huang, 2008），是对服务企业在结果公平、程序公平和互动公平三个方面努力程度的综合评价，包括补救是否及时，是否进行了道歉、赔偿等。要注意的是，顾客对企业努力程度的感知，并不仅仅衡量补救资源（如时间、精力、财力）投入的多少，顾客还会对补救的及时性、主动性、灵活性、是否礼貌、是否道歉、是否体贴、是否提供了赔偿、是否真诚等进行综合评价。

2.3.6　小结

本部分主要回顾和梳理了公平理论的起源和基本思想、组织行为学中公平理论的三个维度和公平理论在营销管理中的应用。本部分尤其注意回顾和总结了公平理论在顾客不当行为和服务补救研究中的应用，并由此引出感知服务组织努力程度的含义。公平理论是本书的另一大理论支柱，是解释服务补救效果的主要理论，因此对本书意义重大。对公平理论及其在服务补救研究领域透彻的梳理、回顾和总结，有助于我们夯实理论基础、摸清研究现状和发现新的研究思路。

2.4　满意理论

现代市场营销观念认为企业应该以顾客为中心，努力让顾客满意，通过对顾客需求的满足来实现赢利的目的。顾客满意后，更可能进行重复购买。过去30多年来，顾客满意不仅成为企业的经营目标，而且成为企业创造价值和战略管理的重要手段（Jones et al., 1995；Reichheld et al., 1996）。对顾客满意的研究有重要的理论和实践意义，本部分将对满意的定义、顾客满意的研究模式和顾客满意对顾客行为的影响进行系统的文献回顾和梳理。

2.4.1　满意的定义

Cardoz（1965）首次将顾客满意引入营销领域，提出顾客满意能增加顾客的购买。此后理论界兴起了研究顾客满意的热潮，但是众多学者对顾客满意的理解和定义并不相同。

一些学者从认知的观点定义顾客满意。比如，Hunt（1977）认为顾客满意是一种经历与评估的过程。Pfaff（1977）认为顾客满意是产品组合的理想状态与实际表现的反差。Swan 和 Trawick（1981）认为满意是消费者对产品能否满足其需求的心理评估。Howard 和 Shech（1969）以及 Churchill 和 Surprenant（1982）从成本收益分析的角度定义了顾客满意，认为顾客满意是顾客对所付出的成本与所获得的收益进行比较、分析和评判后的心理状态。Hahm、Chu 和 Yoon（1997）认为满意是顾客期望与产品表现的函数。Oliver 和 Desarbo（1988）认为顾客满意的两个主要因素是顾客的期望和产品的绩效。2000 年版的 ISO9000 标准对顾客满意的定义是对顾客要求被满足程度的感受。

而一些学者认为顾客满意不仅是一种认知过程还是顾客的一种情感体验过程。比如，Oliver（1980、1997）认为满意是顾客对期望和服务绩效评估后的心理情感反应，包括从理想层次到不能忍受的层次。Oliver 这一定义类似于 Locke（1976）对组织行为领域员工满意的定义，即员工满意指对工作经历的积极或愉快的情感评估。Woodruff 等（1983）认为顾客满意是在特定情境下顾客对产品使用中获得的价值的立即性情感反应。Cadott、Woodruff 和 Jenkins（1987）把满意定义为一种情感的回应，认为顾客基于过去经历形成对产品或服务表现的期望，如果期望被超越，顾客就会满意，否则就会不满。Spreng、MacKenzie 和 Olshavsky（1996）把满意定义为对某个产品或服务经历的情绪反应。Balogolu（2002）也认为顾客满意是顾客消费后的一种情感反应。Philip Kotler（2006）认为顾客满意是顾客对产品或服务的感知表现与其期望对比后形成的感觉状态，如表现低于期望则失望，等于期望则满意，超出期望则愉悦。

顾客满意是针对某次特定交易还是对多次交易累积的评价呢？对此，学者们的观点不一。Oliver（1984）认为顾客满意针对的是某一次特定的交易行为，是消费者在消费后对这次交易的整体评价。而 Johnson 和 Fornell（1991）认为顾客满意是顾客对某产品或服务提供者全部消费经历的整体评价。Anderson、Fornell 和 Lehmann（1994）把过去一段时间内对某种服务或产品消费和购买经历的总体评估称为总体满意（overall satisfaction）或"累积满意"（cumulative satisfaction）。

借鉴 Oliver（1980、1997）的定义，本书的顾客满意指发生第三方顾客不当行为之后，顾客对补救期望和补救绩效评估后的心理情感反应。

2.4.2 顾客满意的研究模式

（1）差距认知模式

根据差距认知模型，满意是顾客将企业表现与预期进行比较的结果（Oliver et al.，1994）。根据心理学的差距理论（disconfirmation theory），顾客在消费前形成期望标准，消费后顾客将消费过程中感知的实际绩效同期望标准进行比较，由此产生的差距大小决定了顾客满意与否，方向决定了满意的强度。Cadotte、Woodruff 和 Jenkins（1987）认为期望、感知到的绩效、一致性（confirmation）和不一致性（disconfirmation）四个因素决定了顾客满意。一致性指感知到的产品或服务表现等于顾客的期望，不一致指表现和期望有差异。不一致性又分为正向不一致和负向不一致两种。正向不一致指顾客感知的产品或服务表现高于期望的标准；负向不一致则相反，指感知表现低于自己的期望。正向不一致性会导致满意，负向不一致性会导致不满意（Oliver，1980）。顾客经历的正向不一致性和负向不一致性是决定满意的关键因素（Erevelles et al.，1992；Oliver，1997）。Churchill 和 Carol（1982）的研究揭示了差距认知模型对不同类型的产品的符合程度，研究表明：差距认知模型更适用于非耐用消费品；对耐用消费品来说，产品的绩效主要决定了顾客满意度，而顾客过去的消费体验和起初的期望对满意影响较小。

在顾客满意的研究领域，期望不一致范式占据主导地位（邹德强 等，2008），对研究顾客满意产生了深远和广泛的影响。不过顾客对满意的感知具有明显的主观性。服务过程分为消费前、消费中和消费后，期望将随服务过程的阶段而变化（Walker，1995）。顾客购前和购后的比较标准也不一致，购前使用自身内部标准（比如过去的经验），购后则更多地以其他品牌为标准（Gardial，1994）。加之对期望的定义不统一（比如有理想的绩效、顾客需要的绩效、企业应该提供的表现等），如何准确测量期望也是一个挑战（李先国，2010）。以上因素导致差距认知模式在实际运用中存在一些困难和问题。

（2）绩效模式

根据该模式，顾客对产品或服务的绩效感知是其满意度的主要影响因素。感知绩效是就支付的成本而言，顾客感到的产品或服务的质量水平。也就是说，在支付一定货币后，感知的质量水平越高，顾客越满意（Tse et al.，1988）。当然，顾客的期望也会影响消费者满意度，期望会受到过去消费经历影响。Alloy L B 和 N Tabachn（1984）的研究发现，绩效信息越强，则感知绩效对满意的影响越大；而绩效的信息越弱，则期望对满意的影响越大。一般来说，服务的绩效信息要比产品的绩效信息弱（Zeithaml et al.，1985）。

（3）顾客让渡价值理论

这种理论认为让渡价值越大，顾客满意度越高。顾客让渡价值是顾客从某个产品或服务消费中获得的所有利益，等于顾客从产品、服务、人员、形象等方面获取的总价值减去顾客在价格、精力、体力、时间等方面付出的总成本。

另外，不少学者从归因理论和公平理论的视角研究顾客满意，由于上文已经对相关文献和研究进行了梳理和述评，此处不再重复。

2.4.3 顾客满意对顾客行为的影响

（1）对重购意愿和重购行为的影响

顾客满意和不满显著影响顾客的购后行为（Cronin et al.，1992）。Anderson 和 Sullivan（1993）的研究证实满意正向影响重购意愿，重购意图又正向影响重复购买的行为。满意的顾客的忠诚度会上升，愿意购买公司更多或价格更高的产品（Reichheld et al.，1990）。Jones 和 Sasser（1995）指出更高的满意水平会减少顾客流失。Patterson、Johnson 和 Spreng（1997）的研究也证实了满意与重购行为之间的正相关关系。

在服务营销领域，也有不少研究证明顾客满意度和重购意向之间的正相关关系。比如，Cronin 和 Taylor（1992）的研究发现，银行和餐饮等行业的顾客满意度是影响顾客重新购买意愿的一个重要因素。Woodside 等（1989）对医院的研究表明：如果病人对护理服务满意，他们更愿意将来再光顾这家医院。Fullerton（2005a）通过对顾客与零售服务商关系的研究，证实了顾客对零售品牌的满意度与其对该零售品牌的光顾意图和购买意图正相关。

然而，顾客满意度和重购意愿之间是否是简单的线性相关关系呢？Labarbera 和 Mazusky（1983）避免了过去只对单次购买经历的满意度进行研究的缺陷，建立了一个跨时间的纵向动态评估模型。Labarbera 和 Mazusky 的研究表明，消费者根据过去的消费经历形成一个参考满意点，如果产品或服务表现超过参考满意点时，随着满意度的上升，顾客的购买意图和购买行为也会上升，但上升呈边际递减趋势。也就是说，满意度达到一定高度后，满意度对重购意愿和重购行为的提升效果逐渐下降。相反，如果产品或服务表现低于顾客的参考满意点时，随着顾客的满意度的下降，顾客的转换意图和转换行为会增加。而 Coyne（1989）的研究却得到了相反的结论：消费者满意度与消费者忠诚度的关系存在两个关键的阈值。当顾客满意达到一个高端的水平后，顾客忠诚度将急剧上升；当顾客满意度下降到某个低端的水平后，顾客忠诚度会急剧地下降（Oliver，1992）。

Anderson 和 Sullivan（1993）以及 Cronin 和 Taylor（1992）认为在考察顾客满意和顾客忠诚之间的关系时，还应该考虑特定服务环境下的转换成本。Fornell（1992）则认为，除转换成本外，还应该考虑市场环境的一些因素，比如市场规则、产品差异性、专有技术和品牌形象等。

（2）对顾客口碑的影响

口碑是消费者行为的重要指标之一。Yi（1990）认为顾客满意度是口碑传播的决定性影响因素。Dabholkar 和 Thorpe（1994）的研究表明顾客满意度对推荐行为有重要影响。Westbrook（1987）指出满意度对口碑的影响是主要以情感方式（而不是认知方式）进行的。

Tarp（1981）认为负面的体验经历比正面的经历更有可能被传播。Richins（1983）的研究指出，如果问题比较严重而且产品或服务提供者对消费者的抱怨无动于衷，则不满的顾客有可能传播负面信息。Bitner、Booms 和 Mohr（1994）对酒店的研究发现，如果顾客没有得到预期的服务，顾客不仅不会再光顾这个酒店，而且可能会把经历告诉给朋友。Richins（1984）提出正面或负面口碑取决于顾客对产品的承诺，如果顾客对产品有较多的心理承诺时，负面口碑就会增多。

但 Holmes 和 Lett（1977）却提出了完全不同的观点，他们认为满意的顾客比不满意的顾客会更多地进行口碑传播。Valle 和 Wallendorf（1977）认为满意的顾客可能不愿向产品或服务提供者说出自己的满意感受，但他们有可能向朋友和亲人讲述。Howard 和 Sheth（1969）认为一个满意的顾客就像一个活的广告，可以为企业做更多的正面宣传，有助于吸引和获取新顾客。

（3）对企业财务表现的影响

企业改善财务表现和赢利能力的关键在于提升顾客的重复购买次数，而顾客的重购意愿和购买的次数又主要由顾客的满意度决定（Anderson et al.，1994）。Heskett 等（1994）发现，美国西南航空公司能连续 20 多年维持良好的利润率，是因为其行业领先的顾客满意水平。Babakus、Bienstock 和 Scotter

（2004）的研究表明顾客感知服务质量正向影响着顾客满意，进而增加商店的销售额和交易量。而且更高水平的顾客满意意味着更高的产品质量，可以减少产品缺陷带来的维修、退换货等成本，有利于企业的财务表现。

2.4.4　小结

在本部分，笔者对满意的定义、顾客满意的研究模式和顾客满意对顾客行为的影响进行了系统的文献回顾和梳理。尤其对期望不一致理论进行了详细的回顾和总结，该理论是论证和支持感知企业责任和感知企业努力程度对顾客情感反应交互影响的关键理论支柱，对期望不一致理论的梳理将为后文的假说推导奠定坚实的基础。另外，通过对顾客满意与顾客行为之间关系研究的文献回顾，我们将能更好地构建本书顾客情感反应对顾客行为意向影响的模型。

2.5　环形情感模型（circumplex model of affect）

本部分将对环形情感模型的基本思想和相关研究进展进行文献回顾和梳理。

2.5.1　环形情感模型的基本思想

Russell（1980）提出，人的不愉快、苦恼、沮丧、兴奋等情感维度并不是独立的，而是系统地相互关联的；可以通过一种环形模型来呈现这种相互关系（如图2-5所示）：愉悦（0°）、兴奋（45°）、唤起（90°）、苦恼（135°）、痛苦（180°）、沮丧（225°）、平静（270°）和满足（315°）。

Russell（1980）对28个描述情绪的形容词用四种方法进行了测量，得到如图2-6所示的结果。Russell（1980）的环形情感模型（circumplex model of affect）有两个维度：水平方向是人类的情感"愉快（pleasant）－不愉快（unpleasent）"（正面－负面情绪）维度，垂直方向是"激动（aroused）－平静（sleepy）"维度（情感唤醒水平）。高唤醒水平的正面情感包括兴奋、愉悦等；低唤醒水平的正面情感包括满意、满足、放松、安详等；高唤醒水平的负面情感包括愤怒、生气、害怕、焦虑等；低唤醒水平的负面情感包括不满、沮丧、失望、疲惫等（唐小飞 等，2011）。

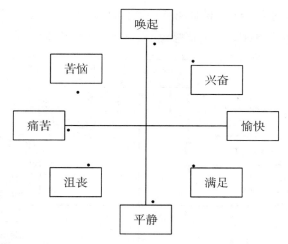

图 2-5 Russell（1980）的环形情感模型

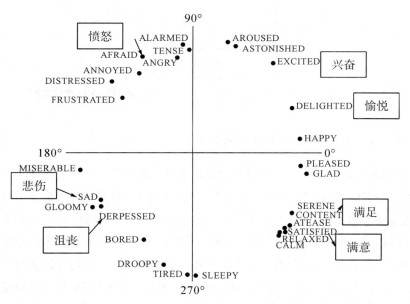

图 2-6 Russell（1980）对 28 个描述情绪的形容词的环形测量坐标

Russell 和 Lewicka（1989）通过对中国人、希腊人、爱沙尼亚人、波兰人的跨文化研究发现，不同国家的人的情感在环形坐标上的位置大致相同，也就是说，环形情感模型适用于不同文化背景，具有文化普适性。Lisa A. Feldman（1995）、Yik 和 Russell（2004）、Heponiemi 等（2005）、Posner 等

（2005）等学者的研究继承和验证了环形情感模型。比如图 2-7 是 Heponiemi 等（2005）总结的典型的环形情感模型，被众多学者认同和采用。

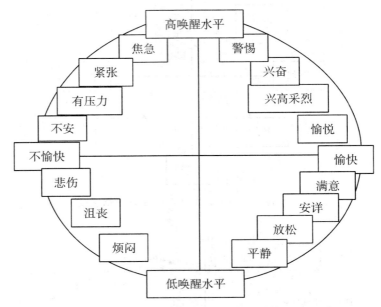

图 2-7　Heponiemi 等（2005）总结的典型的环形情感模型

2.5.2　环形情感模型的相关研究进展

Darbyshire 等（2006）把环形情感模型应用到了消费领域，对订阅杂志的顾客对杂志的情感反应和订阅杂志组合的研究发现，环形情感理论和实际消费经历是完全相关和一致的。Pete C. Trimmer 等（2013）的研究采用期待发生的是好事还是坏事和是否值得准备两个维度形成了四种区间来研究人的行为（如图 2-8 所示），研究结果和环形情感模型完全契合。准备迎接好事时，人们感到兴奋，会采用资源获取的行动策略。而当预期中的坏事临近（比如任务没有完成或行为失当，面临责难或处罚），人们会感到压力，并会采取规避惩罚的策略。也就是说，人的情绪和行动之间可以通过环形情感模型建立密切联系。

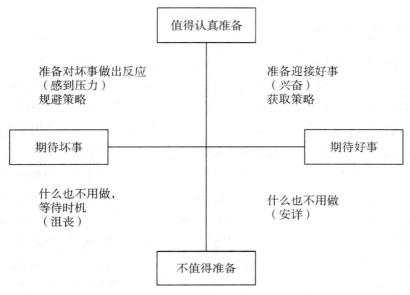

图 2-8　**期望和准备状态的基本功能**

资料来源：Pete C. Trimmer et al.（2013）。

在商业环境中低唤醒水平的负面情感可能导致不满意（Inman，1997）。顾客的消费体验会导致愉悦、满意、不满和愤怒（Chitturi，2008）。

2.5.3　小结

本部分对环形情感模型的基本思想和研究进展进行了文献回顾和梳理。环形情感模型是本书将顾客情感反应分为愉悦、满意、不满和愤怒的理论支柱，是考察感知服务组织责任和感知努力程度的四种组合与愉悦、满意、不满和愤怒四种不同的顾客情感之间关系的基础。

2.6　忠诚理论研究

本部分将对忠诚的定义、忠诚的分类和第三方顾客不当行为情境下的顾客行为意向进行文献回顾和梳理。

2.6.1　忠诚的定义

学术界对忠诚有众多的定义。Tucker（1964）认为重复购买行为是忠诚的最好表述。Cunningham（1956）和 Raj S P（1985）提出了忠诚度的计算方法：顾客购买某品牌的次数除以该顾客购买该种类产品的总次数，比值越高表示忠诚度越高。Jacoby 和 Chestnut（1978）发现有时候人们购买可能是因为方便或者别无选择，而不是真正偏好这个品牌，所以定义忠诚应该不仅考虑购买行为，还应该考虑顾客的心理偏好。这种认为忠诚应该综合考虑行为和态度的观点得到了 Dick 和 Basu（1994）、Kinnear 等（1995）、Baldinger 和 Rubison（1996）、Park（1996）、Cavero 和 Cebollada（1997）、Gahwiler 和 Havitz（1998）以及 Smith 等（2003）等多位学者的赞同。Zeithaml 等（1996）对忠诚的定义是：顾客通过口碑传播、重复购买、分配较高的钱包份额等方式来表达与品牌的一致性。Oliver（1999）认为忠诚是顾客不受环境变化和竞争对手营销努力的影响，坚定承诺未来始终优先购买某品牌。Bennett 和 Rundle-Thiele（2002）认为忠诚包括偏好、承诺、重购行为和忠贞，他认为，不仅应该关注行为忠诚，还应该关注态度的忠诚；对态度忠诚的测量有助于识别那些表面忠诚但一旦遭遇不满或出现较好替代品时就可能转换品牌的顾客。

2.6.2　忠诚的分类

Oliver（1997）把忠诚分为认知忠诚、情感忠诚、意向忠诚和行为忠诚四种。唐小飞（2007）认为这四种忠诚体现了顾客从对一个品牌的认知，到产生偏爱，到有购买意愿，到最后发生购买行为的发展过程。

Dick 和 Basu（1994）从态度和行为两个维度将忠诚分为真正忠诚、表面忠诚、潜在忠诚和不忠诚四种（如图 2-9 所示）。不忠诚（no loyalty）指顾客对品牌情感偏好低而且很少重复购买，这类顾客和企业的来往少。表面忠诚（spurious loyalty）指顾客由于图方便、缺乏替代品和惯性消费等原因，对某品牌产品有较高的重复购买行为，但品牌情感偏好低；在环境变化时（比如有更方便的替代品出现）这种顾客很可能会转向其他竞争品牌。潜在忠诚（latent loyalty）指顾客有较高的品牌信任和喜爱，但重复购买较少；造成重复购买较少的可能原因包括：顾客自身购买力不足、产品的市场覆盖面不够广和产品脱销等原因；对这类顾客，企业要认真分析原因，对症下药，消除重购频率低的障碍，将顾客转化为真正忠诚的顾客。真正忠诚（true loyalty）指顾客不仅对品牌喜爱和信任有加，而且通过重复购买的实际行动表达对品牌的喜爱和支持，毫无疑问，这类顾客是企业最宝贵的财富，是企业生存和发展的依托和基础。

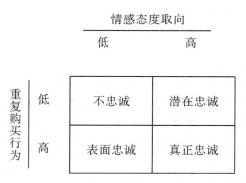

图 2-9　Dick 和 Basu（1994）划分的真正忠诚、表面忠诚、潜在忠诚和不忠诚

2.6.3　第三方顾客不当行为情境下的顾客行为意向

Zeithaml 等（1996）将顾客忠诚分为口碑、重购、价格抗拒和抱怨四种。类似地，陆娟等（2006）国内学者将服务忠诚定义为推荐意愿、购买意向、价格宽容和抱怨行动四个维度。借鉴前人研究成果并结合本书需要，本书将获得服务补救消费者的行为倾向分为重购意愿、正面口碑传播、负面口碑传播和报复倾向四类。

重复意愿指顾客在购买和使用商品或服务后，根据使用感受形成的再次购买同一个企业或品牌的产品的行为趋向（罗晓光 等，2009）。顾客满意对顾客形成重复购买意向具有正向影响；而且顾客满意程度越高，则顾客满意与顾客重复购买意向的正向关系越稳定（Anderson et al.，1993）。

口碑主要是指两个或两个以上个体之间的人际交流（Dick et al.，1994）。Zeithaml 等（1996）认为口碑和重购意愿属于顾客忠诚。顾客对企业服务不满意可能会引发负面的口碑、抱怨、转换等行为（Bougie et al.，2003）。

Bechwati 和 Morrin（2003）把报复定义为消费者在一次不愉快的消费体验之后，产生的损害公司利益或形象的想法。Grégoire 和 Fisher（2006）认为报复倾向指顾客希望惩罚和伤害给他们带来损失的企业。消极情绪会激起报复的欲望和行为，消极情绪越强烈，诱发的报复行为就越多（李恩洁 等，2010）。报复倾向与愤怒紧密联系（Denson，et al.，2006）。第三方顾客不当行为会引发顾客不满，甚至导致报复行为（Grove et al.，1997；Huefner et al.，2000）。金立印（2006）研究发现顾客不愉快的情感反应越强，对企业或其他顾客采取不良行为进行报复的可能性越大。

2.6.4　小结

本部分系统地对忠诚的定义、类别和第三方顾客不当行为情境下的顾客行为意向进行了文献回顾和梳理，尤其是梳理了重购意愿、正面口碑传播、负面口碑传播和报复倾向四种顾客不当行为意向的含义和影响因素，这对本书研究顾客情感反应对顾客行为意向的影响奠定了坚实的基础。

2.7　服务失败和服务补救

本部分将对服务失败的含义和类型、服务失败严重性的含义和影响、服务补救的含义及补救策略、不同补救策略的效果、补救期望以及服务补救对顾客情感和行为的影响进行系统的文献回顾和梳理。

2.7.1　服务失败的含义和类型

由于服务具有不可分割性、无形性、变异性与易逝性，服务的生产过程就是消费过程，所以无论服务企业怎么加强对一线员工的业务培训，无论怎么改进服务流程，无论怎么提高技术水平，服务失误都是不可完全避免的（Hart et al.，1990）。在服务提供过程中的每一个环节和每一次服务接触，都可能发生服务失败。

学者们从不同角度定义了服务失败。Bitner（1990）认为服务失败是在服务接触过程中出现了较低的服务质量。Gronroos（1994）、Fisk（2000）和Parasuraman（1991）认为服务失败是服务未能达到顾客期望的水平。而Adrian（2000）认为服务失败就是服务出了差错。

Gronroos（1994）将服务失败分为结果失败和过程失败，前者指没有获得所需服务，而后者指在服务过程中顾客经历了不愉快或不方便。Bitner 等

（1994）根据原因将服务失败分为四类：员工不当行为、员工对顾客需要的错误反应、服务提供系统失败和其他顾客不当行为导致的服务失败，其中第四类原因占所有服务失败的22%。

2.7.2 服务失败严重性的含义和影响

Huang（2008）将由第三方顾客不当行为导致的服务失败称为其他顾客失败（other-customer failure），第三方顾客不当行为的实质是一种由其他顾客导致的服务失败，所以第三方顾客不当行为的严重性本质上就是服务失败的严重性。

（1）严重性的含义

其他顾客失败的严重性指顾客经历的第三方顾客不当行为对顾客造成的损失的幅度（Huang，2008），这种损失可能是有形的（如钱财）或无形的（如生气、挫折和不方便）。杜建刚和范秀成（2007）将服务失败给顾客造成的损失分为功利性（utilitarian）和象征性（symbolic）损失两类：功利性损失主要指金钱、时间、物品等经济资源的损失；象征性损失主要指尊严、面子、地位等心理和社会资源的损失。服务失败的严重性就是顾客所感知的服务失败问题的强度，服务失败越严重，顾客感知的损失越大（陈玉强 等，2008）。赵鑫等（2009）认为顾客感知的服务失败严重性指在某特定的服务情境中，服务失败发生后，顾客对本次服务失败的看重程度。

（2）严重性对顾客情绪、补救期望和行为的影响

Oliver和Swan（1989）的研究发现服务失败的严重性对顾客评估某次交易发挥着关键的作用，服务失败造成的损失越大，顾客认为交易越不公平。Smith等（1999）认为高的服务失败程度感知和低的满意感知相联系。Johnston R. 和Fern（1999）通过对欧洲银行顾客的研究，发现服务失败的性质和严重程度会影响到顾客的补救期望。Mattila（2001）的研究发现，失败程度和服务类型会导致补救成本的巨大差异，并且影响补救满意度和顾客忠诚度。Weun、Beatty和Jones（2004）研究了服务失败严重性对服务补救评价和补救后与顾客关系的影响；研究结果显示，服务失败严重性对于补救后顾客满意、信任、承诺和负面口碑传播等有明显影响；研究还揭示，如果严重的服务失败发生在顾客初次尝试某服务时，即使企业进行了周全和尽心的补救，顾客仍会感到失望和沮丧，初试顾客因为良好的补救而产生对企业的信任和承诺的

可能性低，反而有可能将经历告知亲友，进行负面口碑传播。杜建刚和范秀成（2007）采用情景模拟法进行了实证研究，研究发现服务失败严重性和补救时员工的态度对顾客功利性损失和象征性损失有直接或交互影响，顾客感知的损失又进一步影响到补救期望、顾客情绪和抱怨倾向，顾客情绪又会进一步影响补救期望和抱怨倾向，也就是说补救期望和抱怨倾向受认知和情绪的双重影响。Huang（2008）的研究则发现，第三方顾客不当行为的严重性负向影响着顾客满意，但对顾客补救期望影响不显著。赵鑫等（2009）通过对快餐、超市和美发三个行业的研究，发现顾客感知的服务失败严重性对顾客满意度存在显著的负向影响；而且顾客感知的严重性越高，顾客抱怨的可能性越大。另外有众多学者发现服务失败的严重程度与抱怨行为正相关（Swan et al.，1973；Richins，1983、1987；Tax et al.，1998；McCollough et al.，2000）。

2.7.3 服务补救的含义及补救策略

（1）服务补救的含义

服务补救是当顾客受到服务失败困扰时，企业为让顾客恢复满意而做出努力的过程（Zemke et al.，1990）。服务补救是服务企业为缓解和修复服务失败对顾客所造成的伤害而采取的行动（Tax et al.，2000）。Johnston（1995）和韦福祥（2002）认为服务补救是处理服务失败的主动性行为。

（2）服务补救策略

关于服务补救策略，Smith 等（1999）根据服务补救是由企业发起还是由顾客抱怨引起，将服务补救划分为主动补救（proactive recovery）和被动补救（reactive recovery）。唐小飞等（2007）将服务补救方式分为关系投资和价格促销，并研究了这两种补救策略对赢回顾客的效果。唐小飞等（2011）又进一步提出延迟补救策略，指出即时补救并不总是最优的选择。这些研究极大地发展了服务补救研究，使得服务补救的研究更加深入、全面和细致。

2.7.4 不同补救策略的效果

Johnston（1995）的研究发现主动补救可以提高顾客对服务提供者的评价。张圣亮和高欢（2011）采用模拟饭店服务失败和补救的方法，研究了主动补救和被动补救对顾客情绪和行为意愿的影响。研究揭示：服务补救方式对顾客情绪和行为意愿存在显著的不同影响；相较于被动补救，主动补救对顾客积极情绪、正面口碑传播和重购意愿有显著更高的影响，对顾客消极情绪有显著更低的影响。

唐小飞等（2007）对酒店顾客的赢回研究发现：用关系投资补救策略赢回的顾客比用价格促销补救策略赢回的顾客的满意度和购买份额更高，关系投资是厂商增强顾客对信任感、承诺、减少价格抵抗、赢得真正忠诚顾客的有效工具。郑丹（2008）的研究发现，道歉能增强顾客的积极情绪，而辩解会加剧顾客的消极情绪；心理补救加经济补救是最佳补救措施，有利于顾客满意和改善顾客情绪。

在关于补救时机的研究方面，则有不同的观点和结论。芬兰学者 Christian Grnroos（2002）认为，快速补救是服务补救的一项基本原则，认为快速补救可以降低补救成本、减少负面口碑传播、提升顾客满意度和忠诚度。张圣亮和杨锟（2010）以航空和宾馆为例，研究了即时补救、事后补救和事后延时补救对顾客情绪和行为意愿的影响。研究发现，补救越及时，顾客的积极情绪、重购意愿和口碑传播就越高，负面情绪越低。

唐小飞等（2011）采用试验的方法，研究了服务企业在处理顾客抱怨时，补救时机和顾客的人格特质之间的匹配度。研究发现：女性顾客更感性，易受情绪影响，处于负面情绪的女性顾客对补救的评价会降低，而在负面情绪消退以后对女性顾客进行补救（延迟补救）效果更佳；而男性顾客更理性，更重视核心服务，故即时补救效果更佳；积极主动型顾客不易受到情景因素的控制，这类顾客在遭遇服务失败以后，在负面情绪的影响下，很难立即接受服务人员的解释和补救，所以对积极主动型顾客即时补救效果欠佳，而应考虑延迟补救；而消极被动型的顾客一般对周围情景被动地做出反应，倾向于适应和接受而不是改变环境，这类顾客在遭遇服务失败时，即时补救效果更佳；所以，对女性顾客和积极主动型人格特质的顾客应该采用延迟补救措施，对男性和消极被动型人格特质的顾客采用即时补救措施，更容易让抱怨的顾客恢复满意度。杨海龙等（2013）也指出发生服务失败时，"即时补救"不是唯一的选择，在特定的情境下"延迟补救"比"即时补救"更科学，但研究人员没有具体说明特定情境的内容。

2.7.5 补救期望

（1）补救期望的含义

Bell 和 Zemke（1987）认为补救期望就是在服务失败后，顾客希望企业兑现承诺并得到员工的关注和真诚的道歉。补救期望就是顾客认为企业在服务失败后会有适当的赔偿（Zeithaml et al.，1993）。Harris 等（2006）提出补救期望就是顾客认为自己经历的服务失败应该得到解决的措施。Huang（2008）对补救期望的定义是消费者受到第三方顾客不当行为影响后认为的合适补救水平，本书和刘茹萍等（2012）一样采用了此定义。

（2）补救期望的影响因素

第一是顾客对服务失败的归因。Hess 等（2003）以及 Swanson 和 Kelley（2001）的研究表明，服务失败的归因对消费者期望的退款或道歉水平有巨大的影响。Huang（2008）和刘汝萍等（2012）的实证研究进一步证实，服务失败的归因对顾客补救期望有正向影响。

第二是不当行为的严重性。Johnston R. 和 Fern（1999）通过对欧洲银行顾客的研究，发现服务失败的严重程度影响着顾客的补救期望。杜建刚和范秀成（2007）的研究也发现，服务失败的严重性对顾客功利性损失和象征性损失有直接影响，顾客感知的损失又会进一步影响顾客补救期望。但 Huang（2008）的研究则发现，第三方顾客不当行为的严重性对顾客补救期望影响不显著。

第三是顾客与服务企业之间的关系质量。一些学者认为关系质量能直接影响补救期望。比如，Kelly 和 Davis（1994）的研究指出，在服务失败发生后，与俱乐部关系质量高的顾客比关系质量低的顾客有更高的补救期望。Yim 等（2003）综合公平理论和期望不一致理论来研究服务补救期望的影响因素，研究表明，与企业有长期关系的顾客会对结果公平、程序公平和互动公平有更高的补救期望。

有的学者则认为关系质量发挥着调节作用。比如，刘汝萍等（2012）在研究第三方顾客不当行为对满意及行为意向的影响时，重点考察了关系质量对各变量之间关系的调节作用，认为感知企业责任对高关系质量顾客的补救期望有更小的影响，但是这一假设在实证验证时不显著。

（3）补救期望的内容

Bell 和 Zemke（1987）的研究发现，发生服务失败时顾客期望真诚道歉、立即补救、为顾客着想、赔偿和事后检讨五种补救措施；其中最朴素的期望是工作人员的重视与真诚的道歉。Bitner 等（1990）通过对 700 个案例进行研究后提出，成功的服务补救措施应包括确认、道歉、解释和赔偿。Boshoff（2005）通过对银行业的实证研究，总结出银行顾客补救期望包括解释、沟通、授权、补偿和回复等。

（4）补救期望对顾客满意的影响

在对顾客满意度和服务补救评价的研究中，Oliver（1980）提出的期望不一致理论被广泛使用（如：Churchill et al.，1982；Tse et al.，1988；赵占波等，2007；唐小飞 等，2011），顾客的补救期望越高，顾客所感知的实际补救结果与补救期望之间的负向不一致就越明显，对服务补救的满意度就越低。补救期望和感知的服务补救表现的差距将影响到顾客对服务满意的总体评价（Mccollough et al.，2000）。Andreassen（2000）的研究结果表明，感知补救质量和补救期望都显著地影响着顾客满意。Bhandari 等（2007）的研究也揭示，服务企业补救行为与顾客期望是否一致决定了服务补救效果的好坏。

另外，对于补救期望是否会直接影响到顾客满意，学者们有不同的看法和研究结论。Oliver（1981）认为，补救措施和期望之间的差距以及顾客的补救期望会分别独立影响顾客满意。Huang（2008）和刘汝萍等（2012）在第三方顾客不当行为的研究中，补救期望负向影响顾客满意的假说均未得到验证。

2.7.6 服务补救对顾客情感反应和行为的影响

好的服务补救能够带来高兴和快乐等积极情绪（Smith et al.，1998）。Hart 等（1990）认为有效的服务补救不仅能够恢复顾客的满意，甚至能够将不满的顾客转变为忠诚的顾客。让人满意的服务补救不仅可以明显增加顾客的正面口碑传播（Berry，1995），而且可以导致更高的顾客重购行为（Smith et al.，1998）。

张圣亮和张文光（2009）以饭店服务为例研究了不同的补救力度（象征性补救、等值补救和超值补救）对顾客情绪和行为意图的影响，研究证实：服务补救力度与顾客积极情绪、重购意图和正面口碑传播显著正相关，而与顾客消极情绪显著负相关；另外，顾客的积极情绪也与重购意图和正面口碑传播显著正相关，顾客消极情绪则与之显著负相关。

2.7.7　小结

本部分笔者对服务失败的含义和类型、服务失败严重性的含义和影响、服务补救的含义及补救策略、不同补救策略的效果、补救期望和服务补救对顾客情感和行为的影响进行了系统的文献回顾和梳理。对服务失败和服务补救相关研究的系统梳理，有助于我们理解第三方顾客不当行为的本质是服务失败，还有助于我们理解企业对不当行为的处理的本质是服务补救。根据上文的界定，我们已知感知企业努力包括了及时补救等补救策略的内容，所以对不同补救策略效果和服务补救对顾客情感和行为的影响的回顾和总结有助于我们更准确地把握服务组织努力程度这个变量对顾客情感反应和行为意向的影响，从而为后续的模型构建和假说推导奠定坚实基础。另外，第三方顾客不当行为的严重性对顾客情感反应和行为意向的影响是本书的一个研究重点。对服务失败严重性和补救期望的文献梳理，有助于我们探索不当行为的严重性对感知服务组织责任和感知服务组织努力程度组合和顾客情感反应之间关系的影响。

2.8　本章小结和本书核心变量的定义列表

在本章，笔者对本书涉及的支撑理论和相关研究进行了系统回顾、梳理和评论，包括第三方顾客不当行为、归因理论、公平理论、服务补救、满意理论、环形情感理论和忠诚理论。在文献回顾的过程，笔者尤其注意梳理和评论了这些理论应用到顾客不当行为和服务补救研究的主要结论、现状和不足。在文献梳理过程中，笔者对本书涉及的核心变量的概念进行了界定和探讨（如表2-1所示）。本章的扎实工作为第三章的模型构建和提出假说打下了非常坚实的基础。

表 2-1　本书相关核心变量的定义

变量	作者	时间	定义
顾客不当行为	Fullerton 和 Punj	2004 年	顾客违反消费场景中可接受的规范，并且破坏正常消费秩序的行为

表2-1(续)

变量	作者	时间	定义
感知可控性	Hess et al.	2003 年	顾客感知的服务组织对第三方顾客不当行为产生原因的控制程度。主要涉及顾客认为组织或者个人是否本来能够阻止不当行为的发生
感知服务组织责任	Chebat et al.	1995 年	指顾客觉得在多大程度上服务组织应该为第三方顾客不当行为负责
感知服务组织努力程度	Mohr 和 Bitner	1995 年	顾客感知服务组织投入补救第三方顾客不当行为的时间、精力和其他资源的多少
不当行为的严重性	Huang	2008 年	顾客经历的第三方顾客不当行为对顾客造成的损失的幅度
补救期望	Huang	2008 年	消费者受到第三方顾客不当行为影响后认为的合适的补救水平
满意	笔者根据 Oliver 的定义修改	1980 年、1997 年	发生第三方顾客不当行为之后，顾客对补救期望和补救绩效评估后的心理情感反应，包括从理想层次到不能忍受的层次
重复购买意向	罗晓光和马文超	2009 年	顾客在购买和使用商品或服务后，根据使用的感受，形成的再次购买同一个企业或品牌的产品的行为趋向
口碑	Dick A S	1994 年	两个或两个以上个体之间的人际交流
报复倾向	Bechwati 和 Morrin	2003 年	消费者在一次不愉快的消费体验之后，产生的损害公司利益或形象的想法

3 模型构建和提出假说

3.1 导人

3.1.1 几则情景故事

为了更清楚地说明研究思路并引出关键变量，我们先来看几个情景故事：

情景故事 1：

有一天，小明和女朋友在"××"中餐厅就餐，突然有一位喝醉的顾客大声喧哗起来，就在小明皱起眉头准备抱怨时，餐厅工作人员迅速做出反应，一位服务员礼貌地将醉酒的顾客扶到办公室，倒茶水帮助其醒酒。工作人员不仅迅速消除了喧哗声，而且预防了醉酒顾客其他的酒后不当行为（如呕吐、辱骂或殴打他人、损坏物品等）的发生，餐厅恢复了正常就餐环境。另一位工作人员则快步向小明这桌走过来，诚恳地道歉："尊敬的两位顾客，实在不好意思，刚才那位客人喝多了，声音大影响你们进餐了。"小明忙说："没事，这不怪你们。"小明认为餐厅刚才的处理措施及时得当，对餐厅刚才的表现赞赏有加，心想以后还要多光顾这家餐厅。

情景故事 2：

有一天，小明和女朋友在"××"中餐厅就餐，突然有一位喝醉的顾客大声喧哗起来。过了一小会，餐厅也没人管。小明皱起眉头，跟服务员说："你们能不能让他小声点，太吵了。"服务员回答说："好的，这个客人喝醉了，我去提醒一下他，不过如果他不听，我们也没有办法。"服务员提醒后，醉酒的客人依然在喧闹，没有停歇的意思。小明嘴上虽然没说什么，可是心里还是对这家餐厅有些失望，对刚才服务员的处理不太满意。

情景故事 3：

有一天，小明和女朋友在"××"中餐厅的无烟区就餐。突然，小明的女朋友咳了一声，皱起了眉头，原来是有客人在吸烟。小明小声嘀咕："怎么搞的，不是无烟区吗？"正准备喊服务员。这时，餐厅工作人员已经注意到了这个问题，迅速走到吸烟的顾客面前，一边示意顾客墙上的禁烟标志，一边礼貌地提醒："先生，您好，我们这个区域是无烟区，如果您要吸烟的话，我可以带您到那边吸烟区去。"另外的工作人员，走过来向小明和她的女友道歉。同时，餐厅还加强餐厅的通风，喷洒除臭剂。餐厅的烟味很快消失了，空气恢复正常。小明对餐厅的表现感到满意，但也觉得这些都是餐厅分内的事情。

情景故事 4：

有一天，小明和女朋友在"××"中餐厅的无烟区就餐。突然，小明的女朋友咳了一声，皱起了眉头，原来是有客人在吸烟。小明小声嘀咕："怎么搞的，不是无烟区吗？"小明喊来服务员，说："那边有人在吸烟，你看我女朋友都咳嗽了，马上制止一下。"工作人员说："我们墙上挂了标语，但有些客人就是不遵守餐厅的规定。我们也不好强行制止。"听完这番话，小明和服务员理论起来："这里是无烟区，保持无烟的环境是你们的责任……"服务员解释道："你知道，有些客人强势得很，上个月还有个同事因为制止客人吸烟被客人大骂了一通，所以我们不是不想管，请你理解，如果你女朋友实在受不了，可以到餐厅外面去待一会再进来。"结果，吸烟的人开始增加，餐厅无烟区变得烟雾缭绕。小明和女朋友草草吃完，愤怒地离开了餐厅。小明对餐厅感到非常失望，发誓永不光临这家餐厅了。还打算把遭遇分享到微信和微博上，让更多的人了解和远离这家餐厅。

3.1.2 对情景故事的讨论

同样的餐厅、同样的顾客，为什么小明会有不同的情感反应呢？根据我们在第二章对可控性含义的界定，可控性指服务组织对第三方顾客不当行为产生原因的控制程度。情景故事1和情景故事2中，根据我们的生活经验和常识可知，喝醉的顾客大声喧哗属于餐厅难以预防和控制的事情，也就是企业对这种顾客不当行为可控性低。另外，根据我们在文献综述和变量界定部分的定义，服务组织的努力程度指服务组织投入补救第三方顾客不当行为的时间、精力和其他资源的多少。在情景故事1中，餐厅出动多名工作人员分工合作，不仅及时消除了顾客喧闹的不当行为，而且礼貌地向小明道歉，属于努力程度高的情况，服务组织的补救表现甚至超越了小明的期望。在情景故事2中，餐厅仅仅是提醒了一下醉酒的顾客小声一些，没有采取更多措施，没能及时消除不当行为。很明显餐厅在情景故事2中投入的时间、精力和人员都比较少，补救的努力程度低。在情景故事3中，无烟区顾客吸烟的行为，是餐厅可以通过张贴禁烟警示标语、现场提醒、提前分流吸烟顾客、安装吸烟报警装置等多种方式来避免和控制的。和情景故事1类似，餐厅采取了积极补救的措施，及时消除了吸烟的不当行为，同时对受影响的顾客进行赔礼道歉，努力程度高，但餐厅的这些努力是其分内的责任，符合但没有超越顾客的期望。在情景故事4中，餐厅没有采取额外措施去消除吸烟行为，对小明的解释也完全让小明无法接受，属于补救努力程度低的情况。自己分内的事情没有做到，导致不当行为的扩大和蔓延，小明对餐厅感到愤怒。下面我们从顾客感知的视角，详细地分析和说明各个变量之间的关系和影响。

3.2　顾客感知可控性对感知服务组织责任的影响

根据归因理论，人是信息推理者，个体会对周围环境的行为进行归因，并根据归因结果来实施行为（Folkes，1984）。第三方顾客不当行为发生后，顾客会进行归因，进行责任归属的判定，也就是判断该行为是服务企业的责任还是第三方顾客的责任，进而形成对服务企业的情感反应。

归因的三个维度中，内外源，指该不当行为是自身的责任还是外界的责任。第三方顾客不当行为显然不是同属顾客自身的原因造成的，属于外界的责任。同属顾客这时尤其需要分析和判明第三方顾客不当行为的发生主要是服务企业还是第三方顾客的责任。这是顾客形成对服务企业情感反应的关键。

可控性维度指服务企业原本是否能够预防不当行为的发生。很显然，可控性维度对责任的认定非常关键。海德（1958）最早把可控性和赞许或责备联系起来，认为如果服务组织对预防服务失败的发生有控制力，但却未能预防失败的发生，顾客会责怪服务组织。如果顾客认定失败的责任方对原因有控制力，则他们会更生气，重购意愿更低，抱怨意图更高（Folkes et al.，1987）。Weiner（2000）指出可控性维度的归因感知会影响消费者责任归属的判断和报复行为。Huang（2008）和刘汝萍等（2012）根据归因理论进一步研究指出，如果顾客感知第三方顾客不当行为可控性强，即服务组织能预防或阻止不当行为发生的话（比如景区可以设立栏杆防止插队、餐厅拒绝衣冠不整的人入内、通过提醒让顾客不要喧闹，银行可以通过排队喊号系统避免插队，机场通过安检避免危险品，乘务员通过检票避免其他人员进入卧铺车厢等），顾客会将第三方顾客不当行为归咎于服务组织。而当感知服务组织可控性弱时，即服务组织很难预防或阻止不当行为的发生（比如顾客醉酒喧哗、未成年顾客大声喧哗等），根据归因理论，顾客会把不当行为更多地归咎于第三方顾客，而不是服务组织，从而对产生不当行为的第三方顾客产生不满。

稳定性维度指不当行为是否还会出现。Folkes（1988）认为在产品或服务失败的情况下，稳定性归因会影响顾客偏好的赔偿类型，稳定的归因让顾客更强烈地偏好退款而不是更换。但根据 Huang（2008）的研究，稳定性归因对感知企业责任没有显著的影响。这一研究结论，被刘汝萍等（2012）继承和采纳。也就是说，稳定性归因对责任判定和顾客情感反应没有显著影响。所以，本书采用了感知可控性和感知服务组织责任这两个维度来研究了第三方顾客不当行为对顾客情感反应和行为意向的影响。

根据以上文献梳理和推理，本书提出如下假说：

H1：顾客感知服务组织对第三方顾客不当行为的可控性和顾客感知服务组织责任正相关。

3.3　感知服务组织责任和感知服务组织努力程度对顾客情感反应的影响

3.3.1　感知服务组织责任对顾客情感反应的影响

归因理论被广泛地用于分析服务失败对顾客情绪的影响；在评估服务补救

结果时，顾客会识别结果的潜在原因和各方对解决服务失败的责任（Swanson et al.，2001）。在产品或服务失败的情景下，把失败归因于卖方会降低顾客满意度（Oliver et al.，1988）。如果顾客认为组织应该对服务失败负责，他们会更生气并降低重购意愿，抱怨意图更强（Folkes，et al.，1987；Poon et al.，2004）。Sunmee 和 Mattila（2008）指出将服务失败归咎于服务组织会大幅降低顾客满意度。Huang（2008）和刘汝萍等（2012）的研究指出，如果顾客将第三方顾客不当行为归咎于服务组织，这会导致顾客满意度下降。综上所述，顾客感知服务组织责任负向影响顾客满意。

3.3.2 感知服务组织努力程度对顾客情感反应的影响

由于第三方顾客的不当行为是无法预测（Moore at al.，2005）和不能完全消除的，当发生了顾客不当行为并对其他消费者产生了负面影响时，服务组织的反应尤其重要。一般来说，顾客希望服务组织采取一些措施，比如对实施不当行为的顾客进行劝导或阻止，及时减弱或消除不良行为；或向受影响的顾客赔礼道歉等。

根据公平理论，顾客根据感受的结果公平、程序公平和互动公平来评价企业的服务补救策略，如果顾客感知服务企业服务补救在结果上、程序和互动上都是公平的，则会增强对企业的心理承诺，变得更加忠诚；如果顾客在补救过程中感觉不公平，则会产生失望、不满、愤怒等情感反应，进而产生抱怨、报复、索赔等行为（Hoffman et al.，1995）。Oliver 和 Swan（1989）以及 Blodgett、Hill 和 Tax（1997）的研究证实公平感知会影响顾客满意度、口碑和重购意愿。Smith 等（1999）指出，补救的反应速度（影响程序性公平感知）、经济补偿（影响顾客结果公平性感知）、主动性和道歉（影响顾客互动公平感知）影响着顾客满意。Liao（2007）的研究表明，道歉、解决问题、礼貌和及时处理会正向影响感知公平，进而正向影响顾客对服务补救的满意程度和重购意愿。在结果公平方面，Tax、Brown 和 Chandrashekaran（1998）的研究发现，如果服务失败给顾客造成了经济损失，经济补偿更能提高顾客的结果公平感知，进而导致较高的顾客满意度；除了经济补偿，有效的结果公平补救方式还包括服务修正和完全更换。在程序公平方面，王珂等（2006）认为同样的补救方案，"快速"执行比"慢慢悠悠"更可能赢得顾客较高的程序公平评价，从而提高顾客的满意度和减少顾客流失。在互动公平方面，Goodwin 和 Ross

（1992）的研究揭示，当顾客得到道歉或有机会向服务代表表达关切时，其公平感和满意度都会增强。

Stewart（1998）、Swanson 等（2001）、彭军锋等（2006）和唐小飞等（2007）等众多学者的研究表明，服务补救的响应速度、主动性和补救方式对顾客满意度有直接的影响。Mohr 和 Bitner（1995）的实证研究发现，感知努力对顾客满意存在强正向影响。Johnston（1995）认为主动补救可以提升消费者对服务提供者的评价。Christian Grnroos（2002）认为快速补救可以降低补救成本、减少负面口碑传播、提升顾客满意度和忠诚度。张圣亮和杨锟（2010）的研究证实了 Christian Grnroos（2002）的观点，张圣亮和杨锟以航空公司和宾馆为例，研究了不同补救时机对顾客情绪和行为意愿的影响。研究发现：补救越及时，顾客的积极情绪、重购意愿和口碑传播意愿就越高，负面情绪越低。郑丹（2008）的研究发现：道歉能增强顾客的积极情绪，而辩解会加剧顾客的消极情绪；心理补救加经济补救是最佳补救措施，有利于顾客满意和改善顾客情绪。Huang（2008）的研究揭示，感知员工努力对顾客满意存在正向影响。张圣亮和张文光（2009）以饭店服务为例研究了不同的补救力度（象征性补救、等值补救和超值补救）对顾客情绪和行为意图的影响。研究证实：服务补救力度与顾客积极情绪、重购意图和正面口碑传播显著正相关，而与顾客消极情绪显著负相关；另外，顾客的积极情绪也与重购意图和正面口碑传播显著正相关，顾客消极情绪则与之显著负相关。张圣亮和高欢（2011）采用情景模拟的方法研究了饭店服务场景下主动补救和被动补救对顾客情绪和行为意愿的影响。研究揭示：主动补救对顾客积极情绪、正面口碑传播和重购意愿有显著更高的影响，对顾客消极情绪有显著更低的影响。刘汝萍等（2012）的实证研究指出，发生第三方顾客不当行为时，感知员工努力对高关系质量的顾客的满意有更大的正面影响，而且感知员工努力是对服务满意影响最大的因素。

综上所述，感知组织努力程度正向影响顾客满意。

3.3.3 感知服务组织责任和感知服务组织努力程度对顾客情感反应的交互影响

本书认为感知服务组织责任和感知服务组织努力程度对顾客情感反应的影响存在着交互效应。事实上，顾客感知服务组织对发生第三方顾客不当行为的责任不仅会降低顾客满意度，还会影响顾客的补救期望。补救期望即消费者受到第三方顾客不当行为影响后认为的合适补救水平（Huang，2008）。

根据归因理论，Hess 等（2003）以及 Swanson 和 Kelley（2001）的研究表明，企业服务失败的归因对消费者期望的退款或道歉水平有巨大的影响。Huang（2008）和刘汝萍等（2012）的实证研究进一步证实，服务失败的归因对顾客补救期望有正向影响。

Bell 和 Zemke（1987）的研究发现，发生服务失败时顾客期望真诚道歉、立即补救、为顾客着想、赔偿和事后检讨 5 种补救措施；而最朴素的期望是工作人员的重视与真诚的道歉。Bitner 等（1990）通过对 700 个案例进行研究，提出成功的服务补救措施应包括确认、道歉、解释和赔偿。Boshoff（2005）通过对银行业的实证研究，总结出银行顾客的 5 个方面的补救期望：解释、沟通、授权、补偿和回复。

在对顾客满意度和服务补救评价的研究中，Oliver（1980）提出的期望不一致理论被广泛使用（Churchill et al.，1982；Tse et al.，1988；赵占波 等，2007；唐小飞 等，2011）。顾客的补救期望越高，顾客所感知的实际补救结果与补救期望之间的负向不一致就越明显，对服务补救的满意度就越低。补救期望和感知的服务补救表现的差距将影响顾客对服务满意的总体评价（Mccolloug et al.，2000）。Andreassen（2000）的研究结果表明，感知补救质量和补救期望都显著地影响着顾客满意。Bhandari 等（2007）的研究也揭示：服务企业补救行为与顾客期望是否一致决定了服务补救效果的好坏。另外，根据Huang（2008）和刘汝萍等（2012）对第三方顾客不当行为的研究，发现补救期望对顾客满意影响不显著。

综上所述，顾客会将感知的组织补救表现与补救期望进行比较，从而形成不同的满意水平。

本书笔者认为：感知服务组织责任和感知服务组织努力程度对顾客情感反应的影响存在着交互效应。如果顾客觉得第三方顾客不当行为主要是服务组织的责任，那么服务组织的补救即使很努力，顾客也不一定感到非常满意。也就是说高感知服务组织责任弱化了高感知努力程度对顾客满意的影响。同理，如果顾客感知不当行为主要是第三方顾客的责任，不是服务组织的责任，那么即使服务组织的补救比较普通，顾客也可能感到比较满意。也就是说低感知服务组织责任强化了感知努力程度对顾客满意的影响。所以，感知服务企业责任对感知努力程度和顾客满意之间的关系有调节作用。

另外，如果服务组织积极地进行补救，那么即使顾客感觉不当行为是服务组织的责任，那么顾客仍可能感到满意，也就是说高努力程度削弱了高感知责任对顾客满意的负面影响。同理，如果顾客感知服务组织补救努力程度低，那么即使顾客感觉不当行为不是服务组织的责任，顾客仍然会感到不满。所以，感知努力程度对感知服务企业责任与顾客满意之间的关系也有调节作用。

综上所述，高感知努力程度可以削弱感知服务组织责任对顾客情感反应的负面影响；同样，高感知服务组织责任会削弱企业努力程度对顾客情感反应的正向影响。为说明这种交互效应，我们把感知服务组织责任和感知努力程度根据强弱进行组合，得到四种情况来分别加以讨论。

（1）顾客感知服务组织责任低

根据归因理论、前人的研究结论和上述讨论，此时顾客主要对发生不当行为的第三方顾客产生不满，对服务组织则没有明显的不满情绪。在这种情况下，顾客对服务组织的补救期望低，如果服务组织积极努力地进行补救，比如迅速采取措施消除顾客不当行为，并给受影响的顾客道歉或补偿（就像情景故事1里的中餐厅），根据期望不一致理论，服务组织的表现超过顾客期望，将使顾客对服务组织产生高水平的正面情绪。根据环形情感理论，高水平的正面情绪是愉悦（Larsen et al.，1992；Posner et al.，2005）。

当没有考虑感知企业责任和感知企业努力程度之间的交互作用时，低感知企业责任会给顾客带来很弱的负面情感，而高感知努力带给顾客中等的正面情感，两种情感相综合，顾客会感到满意。可是由于交互效应的存在，由于低感知责任和高努力程度之间的反差，让感知努力程度对顾客情感反应的影响增强了，顾客会感到更高水平的正面情感（愉悦）而不仅仅是满意。也就是说低感知企业责任增强了高感知努力程度对顾客情感反应的影响。

根据上述文献和分析，本书提出以下假设：

H2：顾客感知服务组织对发生第三方顾客不当行为责任低，但感知服务组织努力程度高时（图3-1里的①），顾客会对服务组织感到愉悦。

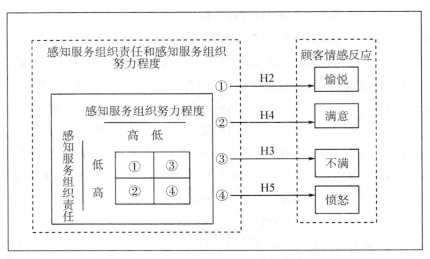

图 3-1 感知服务组织责任和感知服务组织努力程度对顾客情感反应的交互影响的概念模型

但是，如果服务组织努力程度低，即对相关不当行为听之任之或者反应迟钝，造成不当行为的持续甚至加重（比如情景故事 2），由于顾客对服务企业进行补救和处理的期望（尽管期望不强）未能得到满足，根据期望不一致理论，顾客对服务组织会产生不满，将导致低水平的负向情绪，根据环形情感理论，低水平的负面情绪是不满（Larsen, et al., 1992；Posner et al., 2005）。

当没有考虑感知企业责任和感知企业努力程度之间的交互作用时，低感知企业责任给顾客带来低水平的负面情感，而低感知企业努力程度带给顾客低水平的正面情感，两种情感相综合，顾客感觉一般（既无不满，也无满意）。可是由于交互效应的存在，低努力程度增强了感知责任对顾客情感反应的负面影响，这时顾客不仅仅感到一般，而是感到不满。

根据上述文献和分析，本书提出以下假设：

H3：顾客感知服务组织对发生第三方顾客不当行为责任低，感知服务组织努力程度也低时（图 3-1 里的③），顾客会对服务组织感到不满。

（2）顾客感知服务组织责任高

根据归因理论、前人的研究结论和上述讨论，此时顾客主要对服务组织感到不满，认为消除第三方顾客不当行为是服务组织的义务，顾客对服务组织的补救期望高。如果服务组织积极努力地进行控制和补救，比如迅速采取措施消除顾客不当行为，并给受影响的顾客道歉或补偿（比如情景故事 3），根据期望一致理论，服务组织的积极补救和顾客的补救期望相符，将使顾客对服务组织处理不当行为的表现产生低水平的正面情绪。根据环形情感理论，低水平的正面情绪是满意（Larsen，et al.，1992；Posner et al.，2005）。也就是说，企业努力补救后，顾客不再感到不满，而是感到满意。

当没有考虑感知企业责任和感知企业努力程度之间的交互作用时，高感知企业责任给顾客带来中等水平的负面情感，而高感知企业努力程度带给顾客中等的正面情感，两种情感相综合，顾客感觉一般（既无不满，也无满意）。可是由于交互效应的存在，高感知企业努力程度让感知企业责任对顾客情感反应的负面影响减弱了，顾客会感到低水平的正面情感（即满意）而不是一般。也就是说高感知企业努力程度调节了感知企业责任与顾客情感反应之间的关系。

根据上述分析，本书提出以下假设：

H4：顾客感知服务组织对发生第三方顾客不当行为责任高，感知服务组织努力程度也高时（图 3-1 里的②），顾客会对服务组织感到满意。

但是，如果服务组织努力程度低，对相关不当行为推诿责任或者反应迟钝，造成不当行为的持续甚至恶化（比如情景故事 4），由于顾客对服务组织进行补救和处理的期望高，而服务组织表现大大低于顾客期望，顾客的负面情绪便会很强烈。根据环形情感理论，高水平的负面情绪是愤怒（Larsen et al.，1992；Posner et al.，2005）。也就是说，由于服务组织的不作为，顾客的不满加剧，会变得愤怒。

当没有考虑感知企业责任和感知企业努力程度之间的交互作用时，高感知企业责任给顾客带来中等水平的负面情感，而低感知企业努力程度带给顾客低水平的正面情感，两种情感相综合，顾客会感到不满。可是由于交互效应的存在，高感知企业责任削弱了企业努力对顾客情感反应的正面影响；低努力程度也增强了感知企业责任对顾客情感反应的负面影响，所以顾客最终感到愤怒，而不是不满。

根据上述文献和分析，本书提出以下假设：

H5：顾客感知服务组织对发生第三方顾客不当行为责任高，但感知服务组织努力程度低时（图 3-1 里的④），顾客会对服务组织感到愤怒。

3.4 不同唤醒水平的顾客情感反应对顾客行为意向的影响

顾客行为指消费者因受思想支配而表现出来的外表活动（张圣亮 等，2011）。Westbrook（1987）研究了顾客购买后的快乐、兴奋、轻视、惊奇、愤怒、厌恶这六种情感与满意评价、口碑、抱怨这三种顾客行为之间的关系，研究发现正面情感与口碑传播和满意评价正相关，与抱怨负相关；负面情感与抱怨正相关，与口碑传播和满意评价负相关；张圣亮和高欢（2011）的研究发现，服务补救后，顾客的正面情绪与重购意向和口碑传播显著正相关，而顾客负面情绪则与上述这两种顾客行为显著负相关。Schoefer 和 Ennew（2005）认为，在服务补救中消费者的认知和情绪反应都会对补救的满意度和顾客行为产生重要影响。

根据情感心理进化理论（psychoevolutionary theories of affect）（Frijda，1987；Lazarus，1991），不同的情感会引起不同的行为倾向。然而，过去大量的研究都是聚焦于顾客是否满意，没能精确地区分和研究人的细节情感反应及其对消费者的行为倾向的不同影响，结果企业的应对措施不够精准和有效。比如，愤怒的顾客与仅感到不满的顾客有着不完全相同的行为倾向。Chitturi 等（2008）、Mehrabian 和 Russell（1974）的研究发现行为倾向转化为实际行动的可能性主要取决于服务或者产品激起的顾客情感反应的唤醒水平。根据环形情感理论及上文论述可知，愉悦是高唤醒水平的正面情感，而满意是低唤醒水平的正面情感。因此，可以推测：愉悦的顾客较满意的顾客有更高的重购意愿和正面口碑传播意愿。同理，愤怒是高强度的负面情感，不满则是低强度的负面情感。因此，可以推测：愤怒的顾客较不满的顾客有更高的负面口碑传播意愿和报复倾向。

根据以上文献和推理，本书提出如下假说：

H6：愉悦的顾客比满意的顾客有更高的重购意愿和更高的正面口碑传播意愿。

H6a：愉悦的顾客比满意的顾客有更高的重购意愿。

H6b：愉悦的顾客比满意的顾客有更高的正面口碑传播意愿。

H7：愤怒的顾客比不满的顾客有更高的负面口碑传播意愿和更高的报复倾向。

H7a：愤怒的顾客比不满的顾客有更高的负面口碑传播意愿。

H7b：愤怒的顾客比不满的顾客有更高的报复倾向。

其概念模型如图 3-2 所示。

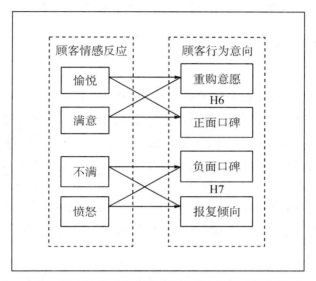

图 3-2　顾客情感反应对顾客行为意向的影响概念模型

3.5　第三方顾客不当行为严重性的影响

3.5.1　几则情景故事

为了更清楚地说明不当行为严重性的影响，我们先来看几个小故事：

情景故事5：

有一天，小明和女朋友在"××"中餐厅就餐，一位喝醉的顾客从旁经过，突然呕吐起来，呕吐的污物把小明的衣服弄脏了。当小明皱起眉头，正准备和醉酒的先生理论时，餐厅工作人员迅速做出反应，一位服务员赶紧拿来纸巾和湿毛巾帮小明清洁衣服，还一边诚恳地道歉："实在不好意思，这个客人喝醉了，把衣服给您弄脏了，我帮您弄干净……"另一位服务员迅速将醉酒的顾客扶到洗手间，并陪同照顾。餐厅工作人员不仅帮忙清洁了小明的衣物，而且预防了醉酒的客人和小明之间的争吵。餐厅恢复了正常就餐环境。

虽然呕吐事件影响了小明的情绪，但小明认为这件事情餐厅责任不大，而且餐厅采取了积极有效的措施，所以对餐厅刚才的表现感到满意，但也愉悦不起来。

情景故事6：

有一天，小明和女朋友在"××"中餐厅就餐，一位喝醉的顾客从旁经过，突然呕吐起来，呕吐的污物把小明的衣服弄脏了。小明皱起眉头，一边躲闪，一边向呕吐的顾客抱怨道："你怎么搞的？往哪儿吐呢？"小明喊来了服务员。服务员走过来查看情况，然后转身离开去拿清洁用具。醉酒的顾客还在呕吐，把小明放在旁边的包也弄脏了。服务员回来后，忙着打扫弄脏的桌子和地板。小明不仅对醉酒呕吐的顾客很生气，对餐厅也感到生气，感觉服务员漠不关心，没有帮忙也没有安慰和同情，更没有道歉，对餐厅感到愤怒，小明想骂人，但被女友劝阻了。

情景故事7：

小明的女朋友对烟味非常敏感，一闻到烟味就会难受得剧烈咳嗽。有一天，小明和女朋友特地挑选在"××"中餐厅的无烟区就餐。吃饭的过程很愉快。突然，有客人吸起烟来，小明的女朋友随之咳嗽起来，而且越来越剧烈。小明嘀咕着："怎么搞的，不是无烟区吗？"正准备喊服务员。这时，餐厅工作人员已经注意到了这个问题，迅速走到吸烟的顾客面前，一边示意顾客墙上的禁烟标志，一边礼貌地提醒："先生，您好，我们这个区域是无烟区，如果您要吸烟的话，我可以带您到那边吸烟区去。"另外的工作人员走过来向小明和她的女友道歉。同时，餐厅还加强了餐厅的通风，并喷洒除臭剂。餐厅的烟味很快消失，空气恢复了正常。不过，小明的女朋友还是觉得有点难受，仍时不时咳嗽。小明觉得餐厅的无烟区居然发生这种事，太让自己失望了，毁了美好的晚餐，虽然餐厅采取了积极有效的措施补救，但仍对餐厅的表现感到不满。

情景故事 8：

　　小明的女朋友对烟味非常敏感，一闻到烟味就会难受得剧烈咳嗽。有一天，小明和女朋友特地挑选在"××"中餐厅的无烟区就餐。吃饭的过程很愉快。突然，有客人吸起烟来，小明的女朋友随之咳嗽起来，而且越来越剧烈。小明嘀咕着："怎么搞的，不是无烟区吗？"小明喊来服务员，说："那边有个先生在吸烟，我女朋友对烟味过敏，你看她都咳成什么样了，请赶紧制止一下。"不料工作人员却说："我们墙上挂的有标语，但有些客人就是不遵守餐厅的规定。我们也不好强行制止。"听完这番话，小明心里很不高兴，和服务员理论起来："这里是无烟区，保持无烟的环境是你们的责任！"服务员解释道："你知道，有些客人很强势，上个月我们还有个同事因为制止客人吸烟被客人大骂了一通，所以我们不是不想管，请你理解，如果你女朋友实在受不了，可以到餐厅外面去待一会再进来。"听完这席话，小明愤怒不已地回应："她咳得这么厉害，你们都不管？你们没有能力管，就不要开无烟餐厅……"结果，又有其他人开始吸烟，餐厅无烟区变得烟雾缭绕。小明的女朋友咳得更厉害了，饭没法吃了，小明和女朋友匆匆结账，骂骂咧咧地离开了餐厅。

　　小明对餐厅感到失望至极，真想把服务员臭骂一顿，愤怒的情绪久久不能平息，不停诅咒这家餐厅早点倒闭。

3.5.2　对情景故事的讨论

　　第三方顾客不当行为的严重性指顾客经历的不当行为对顾客造成的损失的幅度（Huang，2008），这种损失可能是有形的（如钱财）或无形的（如生气、挫折和不方便）。杜建刚和范秀成（2007）将服务失败给顾客造成的损失分为功利性（utilitarian）和象征性（symbolic）损失两类。功利性损失主要指金钱、时间、物品等经济资源的损失；象征性损失主要指尊严、面子、地位等心理和社会资源的损失。第三方顾客不当行为的严重性会对顾客情感反应、补救期望和顾客行为造成影响。

　　对比情景故事 1 和情景故事 5、情景故事 2 和情景故事 6、情景故事 3 和情景故事 7、情景故事 4 和情景故事 8 里面的第三方顾客不当行为后发现，唯一的不同是对小明来说不当行为的严重性。在情景故事 5、情景故事 6 中，其他顾客醉酒呕吐并弄脏小明衣物，显然比情景故事 1、情景故事 2 中醉酒喧哗对小明的损失更大。在情景故事 7、情景故事 8 中，虽然还是其他顾客在无烟区吸烟，但是小明女朋友的情况不同了，小明的女朋友对烟味过敏。也就是说同样是吸烟，在情景故事 7、情景故事 8 里面给小明造成的损失（女朋友身体明显不适、剧烈咳嗽），比在情景故事 3、情景故事 4 里面给小明造成的损失（小明的女友不喜欢烟味、咳嗽一两下）更大，也就是说，情景故事 7、情景故事 8 里，不当行为对小明来说严重程度更高。从这几个故事中不难看出，由于不当行为变得严重了，虽然餐厅采用了和情景故事 1、情景故事 2、情景故事 3、情景故事 4 中一样或类似的措施，小明的情感反应和行为意向却不同了。所以，我们必须将顾客感知不当行为严重性这个重要的变量引入本书中。

3.5.3 不当行为的严重性高时，感知服务组织责任和感知服务组织努力程度组合与顾客情感反应之间的关系

大量的研究表明不当行为的严重性会对顾客情感反应产生影响。比如，Oliver 和 Swan（1989）的研究发现第三方顾客不当行为的严重性对顾客评估某次交易发挥着关键的作用，不当行为造成的损失越大，顾客越认为交易不公平。Smith 等（1999）认为高的服务失败程度感知和低满意感知相联系。Johnston R. 和 Fern（1999）通过对欧洲银行顾客研究后发现，服务失败的性质和严重程度影响顾客的补救期望。Mattila（2001）的研究发现，失败程度会导致补救成本的巨大差异，并且会影响到顾客对补救的满意度和顾客忠诚度。Weun、Beatty 和 Jones（2004）研究了服务失败严重性对服务补救评价和补救后与顾客关系的影响，其研究结果显示：服务失败严重性对补救后顾客满意、信任、承诺和负面口碑传播等有明显影响。杜建刚和范秀成（2007）采用情景模拟法进行了实证研究，研究发现服务失败严重性对顾客功利性损失和象征性损失有直接影响，顾客感知的损失又会进一步影响补救期望和顾客情绪。Huang（2008）的研究则发现，第三方顾客不当行为的严重性负向影响顾客满意，但对顾客补救期望影响不显著。赵鑫等（2009）通过对快餐、超市和美发三个行业的研究，发现顾客感知的服务失败严重性对顾客满意度存在显著的负向影响。

所以，我们需要考虑不当行为严重性这个变量对我们前文研究的影响。具体来说，我们需要研究顾客不当行为严重性对感知企业责任和感知企业努力程度组合与顾客情感反应之间关系的影响。同样，我们分为四种情况进行简要探讨：

（1）当感知服务企业责任低且服务企业努力程度高时，在第三方顾客不当行为比较严重时（参考情景故事5），由于严重的不当行为会导致更高的补救期望，这时企业的积极努力补救并不一定仍能超越顾客的期望。加之，严重的不当行为会导致顾客的负面情感反应。所以我们推测顾客不会再感到愉悦，而是仅仅感到满意。此时，无论企业如何补救，顾客都难以恢复或达到高唤醒水平的正面情感，即愉悦。

（2）当感知服务企业责任低，但服务企业努力程度低时，在第三方顾客不当行为比较严重时（参考情景故事6），由于严重的不当行为会增加顾客的补救期望，所以这时企业的消极补救很可能会明显低于顾客的期望。而且，根据上述众多学者的研究，严重的不当行为会导致顾客满意水平的下降。所以我们推测顾客不再仅仅感到不满，而更可能感到愤怒。

基于以上文献和分析，所以我们提出如下假说：

H8：顾客感知第三方顾客不当行为严重性高时，即使感知服务组织对发生第三方顾客不当行为责任低，且感知服务组织努力程度高（图3-4中的①），顾客也不会对服务组织感到愉悦，而是感到满意。

H9：顾客感知第三方顾客不当行为严重性高时，如果顾客感知服务组织对发生第三方顾客不当行为责任低，但感知服务组织努力程度低（图3-4中的③），顾客便不会再对服务组织仅仅感到不满，而是感到愤怒。

（3）当感知服务企业责任高，服务企业努力程度高时，如果第三方顾客不当行为比较严重（参考情景故事7），由于严重的不当行为会导致更高的补救期望，所以，这时企业的积极补救可能不再能达到顾客的期望。而且，严重的不当行为会降低顾客在接受补救后的满意。所以我们推测顾客不再感到满意，而更可能感到不满。

（4）当感知服务企业责任高，服务企业努力程度低时，如果第三方顾客不当行为比较严重（参考情景故事8），由于严重的不当行为会导致更高的补救期望，所以，这时企业的消极补救会更加严重低于顾客的期望。而且，如上文所述，严重的不当行为会导致顾客的负面情绪。所以我们推测顾客在这种情况下仍然感到愤怒，但是根据上述分析，其愤怒的强度会更高。毫无疑问，这种情况对顾客来说是雪上加霜，是最糟糕的经历，必然引起顾客非常强烈的负面情绪。

综上所述，在不当行为很严重时，顾客的正面情感反应下降，负面情感反应上升。基于以上文献和分析，我们提出如下假说：

H10：顾客感知第三方顾客不当行为严重性高，且顾客感知服务组织对发生第三方顾客不当行为责任高时，即使感知服务组织努力程度高（图3-4中的②），顾客仍不会再对服务组织感到满意，而是感到不满。

H11：顾客感知第三方顾客不当行为严重性高，顾客感知服务组织对发生第三方顾客不当行为责任高，且感知服务组织努力程度低时（图3-4中的④），顾客仍然会对服务组织感到愤怒，且愤怒的程度增加。

概念模型如图3-3所示。

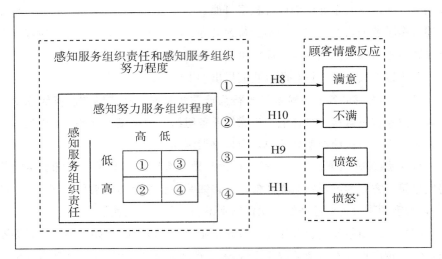

注：H11愤怒＋表示更高强度的愤怒。

图3-3　当感知第三方顾客不当行为的严重性高时，感知服务组织责任和感知服务组织努力程度对顾客情感反应的交互影响概念模型

3.5.4　不当行为的严重性对顾客行为意向的影响

除了需要探讨严重性对感知企业责任和感知企业努力程度组合与顾客情感反应之间关系的影响外，我们还需要考虑，在不当行为严重性高的情况下，顾客重购意愿、口碑和报复倾向有无变化？众多研究发现，服务失败的严重程度与抱怨行为正相关（Swan et al.，1973；Richins，1983、1987；Tax et al.，1998；McCollough et al.，2000）。Weun、Beatty和Jones（2004）的研究揭示，如果严重的服务失败发生在顾客初次尝试某服务时，即使企业进行了周全和尽

心的补救，顾客仍会感到失望和沮丧，顾客因为良好的补救而产生对企业的信任和承诺的可能性低，反而有可能将经历告知亲友，进行负面口碑传播。杜建刚和范秀成（2007）的实证研究发现服务失败严重性会影响顾客情绪和抱怨倾向；而且顾客情绪又会进一步影响抱怨倾向。赵鑫等（2009）的研究发现顾客感知的服务失败严重性越高，顾客抱怨的可能性越大。总之，不当行为的严重性会负向影响顾客的满意评价，减少顾客的重购、正面口碑等积极行为，而增加负面口碑、报复等消极行为。

根据上述文献梳理和分析，容易推测，相比碰到轻微不当行为的顾客，碰到严重不当行为的顾客会有更低的重购意愿和正面口碑传播意愿，而有更高的负面口碑传播意愿和报复倾向。所以提出如下假说：

H12：遭遇严重不当行为的顾客，比遭遇轻微不当行为的顾客，有更低的重购意愿和口碑传播意愿。

H12a：遭遇严重不当行为的顾客，比遭遇轻微不当行为的顾客，有更低的重购意愿。

H12b：遭遇严重不当行为的顾客，比遭遇轻微不当行为的顾客，有更低的正面口碑传播意愿。

H13：遭遇严重不当行为的顾客，比遭遇轻微不当行为的顾客，有更高的负面口碑传播意愿和报复倾向。

H13a：遭遇严重不当行为的顾客，比遭遇轻微不当行为的顾客，有更高的负面口碑传播意愿。

H13b：遭遇严重不当行为的顾客，比遭遇轻微不当行为的顾客，有更高的报复倾向。

3.6 本书的整合概念模型

本书的整合概念模型如图 3-4 所示。

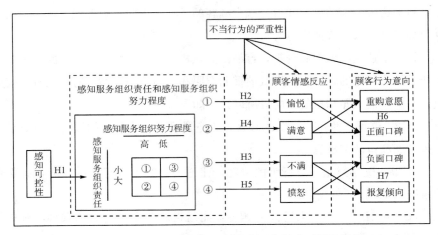

图 3-4 服务组织处理第三方顾客不当行为对顾客情感

反应和行为意向的影响概念模型

4 量表开发和数据收集

4.1 数据收集方法

实证研究是收集数据、分析数据、检验研究假设和达成研究结论的重要阶段。在服务失败和服务补救的研究中，问卷法和实验法各有所长。实验法可以模拟服务场景，从而可能更准确地测量顾客的情绪，进而更好地检验各个变量之间的关系。考虑到本书的很多变量（比如感知企业努力程度、感知企业责任、严重性）需要根据测量数值进行聚类，划分为不同的组别（比如感知企业努力程度高的样本），所以需要相当规模的样本总量。但是，实验法很难较大规模地开展，难以提供本书所需的足够多的样本量。如果样本少，研究结论就会欠缺说服力。另外，实验场景的设计往往有主观性，实验设计人员在设计场景时会尽量朝有利于达成预期研究结论的方向努力。另外，由于人的感知具有主观性，在设计场景时要准确操控被试者的感知不是一件容易的事。最后，比较单一的实验场景必然会削弱研究的外部效度。

相比之下，问卷法可以较好地避免上述缺点。在对情绪的研究中，问卷法比实验法的效度更高（Sherman et al.，1997）。Barrett（1997）认为人们能够对过去的情绪经历进行准确的回忆，Moorman（1991）有关消费情绪的研究也验证了这点。Watson 和 Clark（1997）认为对情绪的自我报告有很好的准确性。Diener、Smith 和 Fujita（1995）在测量情绪时，除了自我报告法还使用了同伴报告（informant reports）和日记抽样（daily experience sampling）的方法，研究结果发现这三种测量方法得到的结果很类似，三种测量结果的相关系数都在 0.99 以上，这说明自我报告这种情绪测量方式是比较准确的。石林

（2000）认为通过让被试者回忆有情绪色彩的生活事件，可以唤起被试者的情绪。Huang（2008）和刘汝萍等（2012）对第三方顾客不当行为的研究也是采用让顾客回忆自己亲身消费经历的抽样调查方法。Huang（2008）认为经历回忆抽样法（retrospective experience sampling）可以避免实验研究固有的一些缺点，比如在实验里服务失败和服务补救措施都是实验人员口头告诉被试者的，被试者需要去通过想象来"体验"自己遭遇其他顾客不当行为和服务员的补救措施。实验研究有很大的人为性，非常依赖被试者的角色扮演能力（Greenberg et al.，1993）。而经历回忆抽样法在当前服务失败研究中已经被成功使用（Bougie et al.，2003；Zeelenberg et al.，2004）。所以经过再三考虑，笔者决定效仿 Huang（2008）等前人的研究，采用经历回忆抽样法，让被调查者回忆自己过去亲自经历的印象最深刻的、遭遇第三方顾客不当行为的经历。

4.2 量表开发与设计

为了确保研究严谨和测量准确，笔者首先对近年来国内外顾客不当行为、服务补救、顾客情感、顾客行为意向等方面的相关核心文献进行了搜索，寻找到适用的成熟量表。然后在借鉴现有研究的基础上，结合本书的情境形成了各个变量的测量题项。根据 Ronald 等（2007）、Huang（2008）和刘汝萍等（2012）的研究，得到第三方顾客不当行为的感知可控性三个题项（题项内容如表 4-6 所示）。感知企业责任的测量根据 Yen（2004）、Huang（2008）和刘汝萍等（2012）的研究采用了两个题项。感知企业努力程度根据 Mohr 和 Bitner（1995）、Huang（2008）以及刘汝萍等（2012）的研究采用了四个测量题项。根据 Chitturi 等（2008）、耿黎辉（2007）、唐小飞等（2011）以及张圣亮和高欢（2011）的研究，愉悦、满意、不满意和愤怒四种情感的测量均采用了单题项量表。在顾客行为倾向的测量中，重购意愿、正面口碑和负面口碑借鉴 Zeithaml 等（1996）和唐小飞等（2011）的量表，各包括三个测量题项，并依据本书情景进行了细微修改，将原题项里面的"银行"场景词汇更换为"企业"以符合本书的研究，其他保持不变。报复倾向采用的是 Gregoire（2009）和刘汝萍等（2012）的量表，使用了四个题项。

各题项均采用李克特 5 级评分语义差异量表，"1 表示最不认可，5 表示非常认可"。在正式调研之前,我们请英语专家对翻译生成的中文测量题项进行了回译,请服务管理领域的学者进行了表面效度的检查,然后在 20 位大学生中进行了预测试,并进行了细微措辞修改。

4.3 样本的选取和数据收集

本书提及的第三方顾客不当行为在服务场景中广泛存在,几乎人人都有经历,考虑到街头拦截调查找到的被试者配合度低,可能无法准确测量问卷中的各个研究变量。同时,大学生已经是成年人,日常生活中自己单独或者和亲友一起有相当多的服务消费经历,也经历了这样或那样的其他顾客不当行为(后来的调查印证了这一点)。所以考虑到调查的成本、样本的可获得性和配合度,我们决定以成都高校大学生群体为抽样对象进行调查。我们选择了四川大学、西南交通大学和西南民族大学三个院校,分别代表综合类、理工类和民族类院校,同时这些院校都是全国招生,可以覆盖本地和外地的样本。在四川大学,我们主要选择了四川大学海外教育学院出国留学预科教育中心的学生,这些学生在四川大学进行留学预科学习,家庭条件普遍较好,代表富裕的家庭和大学生群体;另外选择四川大学经济学院的学生和西南交通大学的学生分别代表文科、理工科的大学生和中低收入家庭;西南民族大学则代表少数民族学生。

具体调查过程是,笔者本人负责对四川大学海外教育学院的学生和老师进行问卷调查。另外,我们委托了四川大学经济学院、西南交通大学和西南民族大学的三位副教授分别负责在上述三个高校的问卷调查。笔者第一个进行问卷调查,及时总结经验教训,然后对这三位老师进行培训,确保他们能准确理解研究调查的目的、流程和容易出错的环节等。问卷发放采取随机抽选班级,然后在教室集中发放问卷,组织者对调查的目的进行简要说明,宣读顾客不当行为的定义和例子,讲解填答要求。组织者一直在现场巡视,回答学生对有些题项的理解问题并提醒学生不要漏答等。

在调查的第一部分,被试者回忆并描述过去半年中在服务消费时所经历的印象最深的一次第三方顾客不当行为事件,并将时间、场景、行业和经过等信息尽可能详细地填答在问卷上。被试者详细地描述事件有助于他们激活和重温当时的经历(Huang,2008)。然后被试者基于第一部分的回忆,回答第二部分的封闭式问题。对于回忆不出过去半年内第三方顾客不当行为的学生，不做劝说或强迫。问卷第二部分主要测量被试者对其他顾客不当行为的严重性、感知可控性、感知企业责任、感知企业努力程度、顾客情感反应以及顾客行为倾向等变量。问卷最末尾则调查了受访者的性别、年龄、学历等人口统计信息。为了得到学生最大程度的配合，问卷应尽量简洁、明了（问卷见附录）。

2013 年 9 月至 10 月，研究人员分别在四川大学、西南交通大学和西南民族大学学生中发放问卷共 600 份，在四川大学教师中发放问卷 10 份，总共回收问卷 547 份，回收率为 89.7%，见表 4-1。

表 4-1　数据采集基本情况

抽样地点	负责人	职称	发放问卷/份	回收问卷/份
四川大学	作者本人		180	177
	赵智	副教授	110	85
西南交通大学	黎斌	副教授	260	232
西南民族大学	赵娟	副教授	60	53
总计			610	547

4.4　样本的结构

在回收的问卷中，我们剔除无效问卷 54 份，最终得到 493 份有效问卷，有效问卷回收率为 80.8%。无效问卷被剔除的原因主要包括：一是被试者未填写第一部分，没有按照要求记录不当行为的相关信息，只填答了第二部分。第一部分的缺失让研究者无法判断被试者第二部分填写的内容是否符合要求。二是根据被试填写的第一部分内容判断，一些学生回忆和填写的内容不是其他顾客的不当行为，而是服务企业的不当行为（比如服务员不礼貌）或服务失败（比如服务等待时间过久等），不符合本书研究的要求。三是有些学生未完成问卷，典型的情况是只填写了正面，未回答背面的题项。四是有些学生随意填写，比如一律选择第一个选项。五是根据被试者对问卷第 4 和第 6 题的反向问题的答案，判断部分学生属于随意填答。

通过对回收的有效问卷的第一部分（回忆部分）内容进行分析，我们发现涉及的事件包括拥挤、插队、占座、吸烟、喧哗、醉酒滋事、不爱环境卫生、小孩随地大小便、辱骂或殴打服务员或其他顾客等，涉及餐饮、交通、教育、医疗、旅游、酒店、娱乐等多个行业，研究结论有较好的外部效度。在493份有效问卷中，如表4-2所示，男性被试者占44.4%，女性占55.6%。如表4-3所示，被试者中，18~20岁的占69.8%，21~25岁的占28.6%，26~30岁的占0.6%，31~40的岁占1%。如表4-4所示，93.5%的被试者具有大学本科学历，3.4%具有大专学历，1.8%具有硕士及以上学历，1.2%为高中或中专学历。

表 4-2　有效样本的性别构成

性别	人数	占比/%
男性	219	44.4
女性	274	55.6
合计	493	100

表 4-3　有效样本的年龄结构

年龄段	人数	占比/%
18~20 岁	344	69.8
21~25 岁	141	28.6
26~30 岁	3	0.6
31~40 岁	5	1
合计	493	100

表 4-4　有效样本的学历结构

学历层次	人数	占比/%
高中/中专	6	1.2
大专	17	3.5
大学本科	461	93.5
硕士及以上	9	1.8
合计	493	100

　　为了保证研究的严谨性，本书采用了方差分析的方法，以考察被试者的一

些人口统计特征是否对样本数据造成了影响。作者将性别、年龄和学历作为控制变量，把不当行为严重性、感知可控性、感知企业责任、感知企业努力程度、愉悦、满意、不满、愤怒、重购意愿、正面口碑、负面口碑和报复倾向作为观测变量，通过方差分析法来判断了被试者的性别、年龄和学历是否对观测变量有显著影响。表 4-5 列示了被试者的性别、年龄段和学历因素对观测变量的影响情况。方差分析结果表明，在 $p<0.01$ 的显著水平上看，除性别和年龄段这两个观测变量在报复倾向上显示出差异外，其他变量值没有显著差异。因此，统计结果显示，总体上人口统计变量未对量表的测量造成显著影响。

表 4-5　被试者的性别、年龄和学历因素对观测变量影响的方差分析

变量	差异来源	性别		年龄段		学历因素	
		F 值	P 值	F 值	P 值	F 值	P 值
严重性	组间	0.293	0.589	1.354	0.256	0.487	0.692
感知可控性	组间	0.546	0.460	1.512	0.211	0.571	0.634
感知企业责任	组间	0.168	0.682	3.194	0.023	0.745	0.525
感知企业努力程度	组间	0.069	0.793	0.484	0.694	0.503	0.680
重购意愿	组间	0.538	0.464	1.002	0.392	0.802	0.493
正面口碑	组间	0.036	0.849	2.118	0.097	0.173	0.914
负面口碑	组间	0.021	0.884	1.386	0.246	1.167	0.322
报复倾向	组间	18.328	0.000	4.020	0.008	0.837	0.474
顾客情感反应愉悦	组间	0.933	0.334	0.866	0.459	1.113	0.343
顾客情感反应满意	组间	3.098	0.079	0.541	0.655	0.245	0.865
顾客情感反应不满	组间	0.132	0.717	1.429	0.234	0.252	0.860
顾客情感反应愤怒	组间	2.673	0.103	1.517	0.209	0.291	0.832

4.5　正式量表的信度和效度检验

为保证样本数据的可靠性，笔者先对问卷的信度和效度进行了检验。信度

（reliability）主要指项目的可靠性和稳定性，也就是说如果进行重复测量，量表是否能产生一致的结果。Cronbach's Alpha 由李·克隆巴赫在 1951 年提出。Churchill（1979）认为，Alpha 值非常适于评价采用李克特多级（一般为 5 级或 7 级）量表的一致性，在社会科学的实证研究中得到了非常广泛的应用；Alpha 值如果太低，表明测量题项不能较好地测量潜变量，只有 Alpha 值达到一定标准，测量量表与真实值之间才有较好的相关性。Nunnally（1967、1978）和 Joseph 等（1987）认为，Alpha 值<0.35 属于信度低，应拒绝接受；Alpha 值>0.35 属于信度尚可接受；Alpha 值>0.7 属于信度高。Helmsetal（2006）认为如果 Cronbach's Alpha 值大于 0.6 说明问卷具有较好的结构信度。总之，Alpha 的取值标准取决于研究目的和背景（Churchill，1979）。

衡量信度的另一常用指标是项目—总体相关系数（corrected item-total correlation）。项目-总体相关系数一般应该大于 0.5，否则需要对题项进行删减或修正（Churchill，1979）。项目-总体相关系数小于 0.35 或 0.3，且删除后会导致 Alpha 值增加的题项需要删除（Nunnally et al.，1994；薛薇，2006）。

在信度达到要求后，可以进一步进行因子分析。如果变量测量题项的项目-总体相关系数大于 0.6（最低不能低于 0.5），球形检定值 KMO 值大于 0.6，累积的方差百分比解释度大于 60%，说明问卷具有较好的结构效度；变量的因子载荷大于 0.7 则说明有较好的收敛效度（Fornell et al.，1981）；如表 4-6 所示，经检验题项的内部-总体相关系数值都大于最低值 0.5，因子载荷值都大于 0.7，Cronbach's Alpha 值都大于 0.65，量表的 KMO 值都大于 0.6（对只有两个测量题项的变量，其 KMO 计算结果均为 0.5），被解释方差百分比都在 60% 以上，由此可知本问卷具有较好的信度、结构效度和收敛效度。上述检验结果说明正式的抽样问卷的设计是科学严谨的，通过该问卷采集得到的数据是可信和有效的。

表 4-6　问卷的信度和效度检验结果

变量	题项	项目-总体相关系数	因子载荷	Cronbach's Alpha	量表的KMO	被解释的方差/%
严重性	这个不当行为是严重的问题	0.582	0.889	0.735	0.500*	79.111
	这个不当行为是重大的问题	0.582	0.889			
感知可控性	我认为其他顾客不当行为发生的原因是企业可以控制的	0.560	0.825	0.719	0.647	64.5
	我认为企业可以防止这次其他顾客不当行为的发生	0.613	0.854			
	我认为企业可以避免这次其他顾客不当行为的发生	0.553	0.726			
感知企业责任	企业应该对其他顾客实施的不当行为负责任	0.524	0.873	0.688	0.500*	76.223
	员工应该对其他顾客实施的不当行为负责任	0.524	0.873			
感知企业努力程度	企业花费了大量时间来解决其他顾客的不当行为问题	0.649	0.801	0.844	0.718	68.170
	企业没有非常努力地解决其他顾客的不当行为问题	0.705	0.847			
	企业没能花费大量时间来解决其他顾客的不当行为问题	0.686	0.831			
	企业为解决其他顾客的不当行为问题付出了很多精力	0.679	0.823			
重购意愿	如果我需要相关服务，我会把这家企业作为我的第一选择	0.671	0.862	0.803	0.701	71.959
	未来几年里，我将会与这家企业有更多的交易	0.689	0.870			
	未来几年里，我将会减少与这家企业的交易	0.597	0.811			

表4-6(续)

变量	题项	项目-总体相关系数	因子载荷	Cronbach's Alpha	量表的KMO	被解释的方差/%
正面口碑	我会在其他人面前称赞这家企业	0.870	0.944	0.937	0.744	88.925
	我鼓励亲戚和朋友惠顾这家企业	0.909	0.961			
	我向寻求建议的人推荐这家企业	0.833	0.924			
负面口碑	我会向其他顾客抱怨这家企业	0.761	0.913	0.814	0.648	73.298
	我会向亲朋好友抱怨这家企业	0.723	0.896			
	在该企业服务中遇到问题时，我会使用直接向人们抱怨以外的其他可能的传播方式抱怨	0.626	0.750			
报复倾向	我想要采取行动让企业陷入麻烦	0.844	0.916	0.936	0.833	84.455
	我想要用一些方法来惩罚企业	0.876	0.933			
	我想要给企业造成不便	0.881	0.936			
	我想要让企业罪有应得	0.811	0.891			

注：对标有＊的数据注释，对只有两个题项的构念（严重性和感知企业责任）其KMO计算结果均为0.5。

5 数据分析和假说验证

5.1 研究中用到的统计方法

本书拟采用 SPSS 17 统计软件，使用相关分析、聚类分析、对应分析和方差分析等统计方法对假说进行检验。相关分析的主要作用是发现变量之间相互关系的紧密程度，本书用相关分析来检测顾客感知企业对不当行为的可控性与顾客感知企业责任之间、感知企业责任和顾客情感反应之间以及感知企业努力程度和顾客情感反应之间的相关关系。聚类分析这种多元统计分析方法能够根据特征将变量数据进行自动分类，本书根据强弱把感知企业责任和感知企业努力程度两个变量聚为四类，根据顾客的情感反应各问项的值，把样本聚为愉悦、满意、不满和愤怒四类，最后，还将不当行为严重性聚为三类。对应分析利用降维的方式研究了两个变量的交叉列联表，通过图形直观揭示不同类别变量之间的联系（薛薇 等，2006）。本书考察了感知企业责任（高一低）和感知努力程度（高一低）四种组合和顾客情感反应之间的对应关系。我们用方差分析这种统计方法来分析了控制变量的不同水平是否对观察变量造成了显著影响，具体协方差分析、单因素方差分析和多因素方差分析等类型。本书利用方差分析技术来探究了不同的顾客情感反应和不同程度的不当行为严重性对顾客重购意愿、正面口碑、负面口碑和报复倾向的影响。

总之，本书没有采用营销学比较普遍采用结构方程模型的方法，而是采用了相关分析、方差分析、聚类分析、对应分析等方法，从而为研究模型的构建和假说验证提供了更多的可能性，避免了有些传统方法的限制。

5.2 感知可控性对感知服务组织责任的影响假说检验

此处实证检验涉及假说 1，即顾客感知服务组织对第三方顾客不当行为的可控性和顾客感知服务组织责任正相关。相关分析可以判别变量相互关系的紧密程度。相关分析结果如表 5-1 所示，顾客感知服务企业对不当行为的可控性和顾客感知服务企业责任的相关系数值（pearson correlation）等于 0.362（$p <$ 0.01），故感知可控性和感知企业责任显著正相关。因此分析结果验证了假说 1，即感知可控性与感知服务组织责任显著正相关。

表 5-1　感知可控性与感知企业责任线性相关分析结果：

变量	感知可控性	感知可控性
感知可控性	1	0.362**
感知企业责任	0.362**	1

注：** 表示在 $p <$ 0.01 的水平上显著。

5.3 感知服务组织责任和感知服务组织努力程度对顾客情感反应的交互影响假说检验

为了说明感知服务组织责任和感知服务组织努力程度对顾客满意的交互影响，本书根据顾客对感知企业责任的高低和感知服务组织努力程度的高低，把这两个变量聚为四类（感知企业责任低，但努力程度高；感知企业责任和努力程度都高；感知企业责任高，但努力程度低；感知企业责任和努力程度都低）。然后通过聚类分析将所有样本分成愉悦、满意、不满和愤怒不同情感反应四类。最后采用对应分析的方法来检验了上述分类之间的对应关系。

5.3.1 对感知服务组织责任和感知服务组织努力程度的聚类分析

通过因子分析，笔者分别把感知企业责任和感知企业努力程度这两个潜变量各自的多个测试题项值提取为因子，将这两个因子变量保存，分别是感知企业责任和感知企业努力程度这两个变量，并对这两个变量的493份有效样本进行聚类分析。聚类采用 K 均值聚类法（K-means cluster），将样本根据顾客感知企业责任和感知企业努力程度两个维度分为四类。经迭代运算后，根据类别间各变量最终中心值（final cluster centers）的结果，较好地将样本分为所需要的四种组合：感知企业责任低，但感知企业努力程度高（低—高组）；感知企业责任和努力程度都高（高—高组）；感知企业责任高，但感知企业努力程度低(高—低组)；感知企业责任和努力程度都低（低—低组）。

方差分析（ANOVA）结果表明从顾客感知企业责任和感知企业努力程度这两个维度将样本分为四类合理（感知企业责任 $F = 266.072$，$p < 0.01$；感知企业努力程度 $F = 311.566$，$p < 0.01$），结果显示聚类效果好。在总的493个样本中，感知企业责任低，但感知企业努力程度高的样本108个；感知企业责任和努力程度都高的样本79个；感知企业责任高，但感知企业努力程度低的样本244个；感知企业责任和努力程度都低的样本62个。分析结果如表5-2所示。

表 5-2　根据感知企业责任高低和感知企业努力程度高低聚类的结果

变量	类别（cluster）				F	Sig.
	1 感知企业责任低，但努力程度高	2 感知企业责任高，努力程度也高	3 感知企业责任高，但努力程度低	4 感知企业责任低，努力程度也低		
感知企业责任	−0.818 23	0.906 04	0.427 30	−1.410 78	266.072	0
感知企业努力程度	1.065 46	0.992 34	−0.651 80	−0.555 23	311.566	0
样本量/个	108	79	244	62	合计：493	

5.3.2　对顾客情感反应的聚类分析

在本次调查中，每个被试者都填答了顾客情感反应的四个情感反应（愉悦、满意、不满和愤怒）的题项。因为顾客不可能既愉悦又愤怒，或者既满意又不满，我们必须根据被试者对上述情感反应题项的回答来判断，每一个被试者各自具体属于哪种情感反应。

我们对顾客愉悦、满意、不满和愤怒四个变量的493份有效样本进行 K 均值聚类（K-means cluster）分析，将样本分为四类。经迭代运算后，根据类别间各变量最终中心值（final cluster centers）的结果，得到四类。

为了科学严谨地界定各个情感，我们借鉴了唐小飞等（2011）的分类标准，并对其进行修改，确定了下列严格的原则。愉悦的顾客必须同时满足：愉悦问项均值≥3、满意问项均值≥4、不满意问项均值<3 和愤怒问项均值<3；满意的顾客必须同时满足：满意问项均值≥3、满意问项均值>愉悦问项均值、不满意问项均值<3 和愤怒问项均值<3；不满的顾客必须同时满足：不满意问项均值≥3、不满意问项均值>愤怒问项均值、愉悦问项均值<3 和满意问项均值<3；愤怒的顾客必须同时满足：愤怒问项均值≥3、不满意问项均值≥4、愉悦问项均值<3 和满意问项均值<3。

按照上述原则对分出的四个类别进行检验，发现类别 1 属于愉悦，类别 2 属于满意，类别 3 属于愤怒，而类别 4 属于不满。方差分析（ANOVA）结果表明聚类为四类合理（愉悦 $F=239.062$，$p<0.01$；满意 $F=143.025$，$p<0.01$；不满 $F=468.034$，$p<0.01$；愤怒 $F=294.326$，$p<0.01$），结果显示聚类效果好。在总的 493 个样本中，属于愉悦的样本 94 个；属于满意的样本 75 个；属于愤怒的样本 209 个；属于不满的样本 115 个。聚类分析结果如表 5-3 所示。

表 5-3　对顾客情感反应的聚类分析结果

变量	类别（cluster）				F	Sig.
	1 愉悦	2 满意	3 愤怒	4 不满		
顾客情感反应愉悦（均值）	3.55	2.25	1.06	2.18	239.062	0
顾客情感反应满意（均值）	4.54	3.82	1.36	2.90	143.025	0
顾客情感反应不满（均值）	1.85	1.92	4.35	4.07	468.034	0
顾客情感反应愤怒（均值）	1.63	1.56	4.06	3.71	294.326	0
样本量/个	94	75	209	115	493	

5.3.3　感知服务组织责任和感知服务组织努力程度的四种组合与四类顾客情感反应之间的对应分析

对应分析（correspondence analysis）可以用来揭示不同变量各个类别之间的对应关系，是一种直观的多元统计方法。在这里，我们用对应分析这种统计方法来揭示感知企业责任和感知企业努力程度的四种组合与四种顾客情感之间的一一对应关系，从而对假说进行验证。本部分的假说包括：假说2，即顾客感知服务组织对发生第三方顾客不当行为责任小，但感知服务组织努力程度高时，顾客会对服务组织感到愉悦；假说3，顾客感知服务组织对发生第三方顾客不当行为责任小，但感知服务组织努力程度也低时，顾客会对服务组织感到不满；假说4，顾客感知服务组织对发生第三方顾客不当行为责任大，感知服务组织努力程度也高时，顾客会对服务组织感到满意；假说5，顾客感知服务组织对发生第三方顾客不当行为责任大，但感知服务组织努力程度低时，顾客会对服务组织感到愤怒。

如表5-4所示，卡方检验的卡方观测值（106.413）和相应的概率 p 值（$p <$ 0.01）表明，感知企业责任（高一低）和感知努力程度（高一低）的四种组合与顾客的四种不同情感之间存在显著的相关关系。由对应分析结果可知，有74个感知企业责任低但努力程度高的样本对应愉悦，占所有感知企业责任低但努力程度高的108个样本的68.5%；有40个感知企业责任高努力程度也高的样本对应满意，占所有感知企业责任高努力程度也高的79个样本的50.6%；有188个感知企业责任高但努力程度低的样本对应愤怒，占所有感知企业责任高但努力程度低的244个样本的77%；有38个感知企业责任低努力程度也低的样本对应不满，占所有感知企业责任低努力程度也低的62个样本的61.3%。

表5-4　感知企业责任（高一低）和感知企业努力程度（高一低）组合
与顾客不同情感反应的对应分析结果

对应分析结果		卡方检验值	
		Chi-Square	p
感知企业责任低但努力程度高—愉悦	被正确解释的样本74个（解释度68.5%）		
感知企业责任高努力程度也高—满意	被正确解释的样本40个（解释度50.6%）	106.413	0
感知企业责任高但努力程度低—愤怒	被正确解释的样本188个（解释度77.0%）		
感知企业责任低努力程度也低—不满	被正确解释的样本38个（解释度61.3%）		

注：在 $p < 0.01$ 的水平上显著。

在感知企业责任和感知企业努力程度的四类组合中，50.6%感知责任高努力程度也高的顾客感到满意，比例相对最低，但比例超过50%，基本可以接受；其他几组的对应情况良好，匹配率都在60%以上。上述数据说明：顾客感知服务组织对发生第三方顾客不当行为责任低，但感知服务组织努力程度高时，顾客会对服务组织感到愉悦；顾客感知服务组织对发生第三方顾客不当行为责任低，感知服务组织努力程度也低时，顾客会对服务组织感到不满；顾客感知服务组织对发生第三方顾客不当行为责任高，感知服务组织努力程度也高时，顾客会对服务组织感到满意；顾客感知服务组织对发生第三方顾客不当行为责任高，但感知服务组织努力程度低时，顾客会对服务组织感到愤怒。所以，假说2、3、4和5都得到了验证。

图5-1是感知企业责任（高－低）和感知企业努力程度（高－低）组合与顾客情感反应的对应分布图。从图中可以看出感知企业责任（高－低）和感知企业努力程度（高－低）组合与顾客不同情感的差异性。感知企业责任（高－低）和感知企业努力程度（高－低）四种组合差异显著，可分别自成一类；顾客四种情感反应同样存在显著差异，因此也可分别自成一类。借助该图可以看出感知企业责任（高－低）和感知企业努力程度（高－低）组合与顾客愉悦、满意、不满和愤怒之间的联系：感知企业责任低但感知企业努力程度高的顾客（类别1）对应愉悦（类别1）；感知企业责任高且感知企业努力程度也高的顾客（类别2）对应满意（类别2）；感知企业责任高但感知企业努力程度低的顾客（类别3）对应愤怒（类别3）；感知企业责任低且感知企业努力程度也低的顾客（类别4）对应不满（类别4）。而且从图中还可以看出各个类别对应关系的紧密程度：感知企业责任高但感知企业努力程度低（类别3）与愤怒（类别3）以及感知企业责任低但感知企业努力程度高（类别1）与愉悦（类别1），有很明显的对应关系；感知企业责任低且感知企业努力程度也低（类别4）与不满（类别4）的对应关系紧密度次之；而感知企业责任高且感知企业努力程度高（类别2）与满意（类别2）的对应关系相对较低，但可以接受。也就是说，该图再次印证了表5-4的数据和上述假说验证，再次支持了上述4个假设。

综上所述，假说2、3、4和5成立。

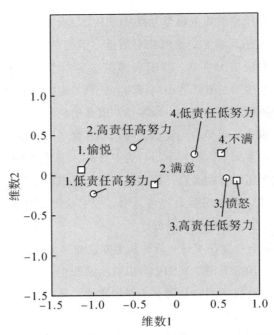

注：维数 1：感知责任和感知努力程度组合类型；维数 2：顾客情感反应类型。

图 5-1　感知企业责任和感知企业努力程度的四种
组合与顾客四种情感反应之间的对应分布

在本部分，笔者采用聚类分析的统计方法对感知企业责任和感知企业努力程度两个变量进行了分类，得到低－高、高－高、高－低、低－低四种组合；同时，对顾客情感反应进行聚类分析，根据对愉悦、满意、不满和愤怒的严格界定，得到的四类样本分别属于上述四种情感反应。然后，笔者进行卡方检验，发现感知企业责任（高－低）和感知企业努力程度（高－低）的四种组合与四种情感反应之间存在很强的联系。最后，笔者进行对应分析，数据和图表均显示低－高、高－高、高－低、低－低组合分别对应愉悦、满意、愤怒和不满四种情感反应。也就是说，假说 2、3、4 和 5 均得到了验证。

5.4 不同唤醒水平的顾客情感反应对顾客行为意向的影响假说验证

本部分的假说包括：H6，即愉悦的顾客比满意的顾客有更高的重购意愿和更高的正面口碑传播意愿；H7，愤怒的顾客比不满意的顾客有更高的负面口碑传播意愿和更高的报复倾向。其中假说 6 又包括：H6a，愉悦的顾客比满意的顾客有更高的重购意愿；H6b，愉悦的顾客比满意的顾客有更高的正面口碑传播意愿。其中假说 7 又包括：H7a，愤怒的顾客比不满意的顾客有更高的负面口碑传播意愿；H7b，愤怒的顾客比不满意的顾客有更高的报复倾向。本书采用了方差分析来验证上述假说。

5.4.1 顾客愉悦和满意对顾客重购意愿和正面口碑传播意向影响差异的方差验证分析

本书以顾客情感正面反应类型（愉悦和满意）为控制变量，以重购意愿和正面口碑为观测变量做方差分析，检验了顾客不同唤醒水平的正面情感反应（愉悦和满意）对顾客积极行为意向（重购意愿和正面口碑传播意向）是否有显著差异的影响。通过因子分析，笔者分别把重购意愿和正面口碑传播意愿这两个潜变量各自的多个测试题项值提取为因子，将这两个因子变量保存，分别得到重购意愿和正面口碑传播意愿这两个变量。根据上文聚类分析结果，有94 个样本属于愉悦的顾客，有 75 个样本属于满意的顾客，我们删掉不满和愤怒两类顾客的样本，只留下满意和愉悦的两类样本，然后进行单因素方差分析。方差分析结果显示，愉悦顾客的重购意愿和正面口碑因子均值都为正，而满意顾客的重购意愿和负面口碑因子均值均为负。愉悦顾客的重购意愿（因子均值＝0.507 537 0）比满意顾客的重购意愿（均值＝－0.272 619 9）显著地高（$p<0.01$）。因此，分析结果支持 H6a，即愉悦的顾客比满意的顾客有更高的重购意愿；方差分析结果还显示，愉悦顾客的正面口碑（因子均值＝0.497 215 7）比满意顾客的正面口碑（均值＝－0.267 075 9）显著地高（$p<0.01$）。因此，分析结果也支持 H6b，即愉悦的顾客比满意的顾客有更高的正面口碑传播意愿。综上所述，H6 得到验证，即愉悦的顾客比满意的顾客有更高的重购意愿

和更高的正面口碑传播意愿。检验结果见表 5-5。

**表 5-5　顾客正面情感反应（愉悦和满意）对顾客行为意向
（重购意愿和正面口碑）影响的方差分析结果**

观测变量	顾客正面情感反应类型（控制变量）		ANOVA 检验值	
	愉悦	满意	F	p
重购意愿 （因子均值）	0.507 537 0	−0.272 619 9	43.062	0.000
正面口碑 （因子均值）	0.497 215 7	−0.267 075 9	41.061	0.000
样本量/个	94	75	—	—

注：$p < 0.01$ 表示检验在 0.01 的水平上显著。

图 5-2 和图 5-3 也清楚和直观地显示：愉悦顾客的重购意愿和正面口碑因子均值都为正，而满意顾客的重购意愿和正面口碑因子均值都为负；相较满意的顾客，愉悦的顾客有更高的重购意愿和正面口碑传播意愿，而且均值差异明显；顾客重购意愿和正面口碑传播意愿与顾客正面情感反应的唤醒水平（愉悦或满意）正相关。所以，图 5-2 和图 5-3 再次印证了上述数据和验证结论，即愉悦的顾客比满意的顾客有更高的重购意愿和更高的正面口碑传播意愿。

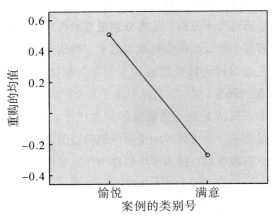

图 5-2　根据方差分析得到的愉悦和满意顾客的重购意愿均值

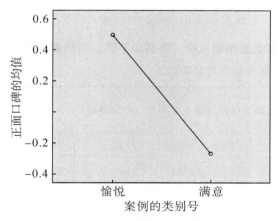

图 5-3　根据方差分析得到的愉悦和满意顾客的正面口碑传播意愿均值

5.4.2　顾客愤怒和不满对顾客负面口碑传播意向和报复倾向影响差异的方差验证分析

同理，本书以顾客负面情感反应类型（不满和愤怒）为控制变量，以负面口碑和报复倾向为观测变量做方差分析，来检验顾客不同唤醒水平的负面情感反应（不满和愤怒）对顾客消极行为意向（负面口碑传播意向和报复倾向）是否有显著差异的影响。通过因子分析，笔者分别把负面口碑传播意愿和报复倾向这两个潜变量各自的多个测试题项值提取为因子，将这两个因子变量保存，分别代表负面口碑传播意愿和报复倾向这两个变量。根据上文聚类分析结果，有 115 个样本属于不满的顾客，有 209 个样本属于愤怒的顾客，我们删掉满意和愉悦两类顾客的样本，只留下不满和愤怒的两类样本，然后进行单因素方差分析。方差分析结果显示，愤怒的顾客的负面口碑传播意向和报复倾向的因子均值都为正，而不满意的顾客的负面口碑传播意向和报复倾向的因子均值都为负。而且愤怒顾客的负面口碑传播意向（均值＝0.184 514 3）比不满顾客的负面口碑传播意向（均值＝－0.174 887 5）显著地高（$p < 0.01$）。因此，分析结果支持 H7a，即愤怒的顾客比不满意的顾客有更高的负面口碑传播意愿；方差分析结果还显示，愤怒顾客的报复倾向（均值＝0.004 698 9）比不满意顾客的报复倾向（均值＝－0.004 453 8）稍高，但差异不显著（$p = 0.946$）。因此，分析结果不支持 H7b，愤怒的顾客和不满意的顾客相比，报复倾向差异不显著。综上所述，H7 得到部分验证，愤怒的顾客比不满意的顾客有更高的负

面口碑传播意愿，但没有显著更高的报复倾向。检验结果见表 5-6。

表 5-6　顾客负面情感反应（愤怒和不满）对顾客消极行为意向（负面口碑传播和报复）影响的方差分析结果

观测变量	顾客负面情感反应类型（控制变量）		ANOVA 检验值	
	愤怒	不满	F	p
负面口碑（因子均值）	0.184 514 3	−0.174 887 5	7.437	0.007
报复倾向（因子均值）	0.004 698 9	−0.00 445 38	0.005	0.946
样本量/个	209	115	—	—

注：$p < 0.01$ 表示检验在 0.01 的水平上显著。

图 5-4 和图 5-5 清晰和直观地显示顾客消极行为意向（负面口碑和报复倾向）与顾客负面情感反应的唤醒水平（愤怒或不满）正相关；其中愤怒和不满顾客的负面口碑均值相差明显，而这两类顾客的报复倾向差异非常小（均值相差大约 0.01），再次印证了上述数据和验证结论。所以，H7a，即愤怒的顾客比不满意的顾客有更高的负面口碑传播意愿，得到验证；而愤怒的顾客和不满意的顾客相比，报复倾向差异不显著，H7b 没有得到支持。

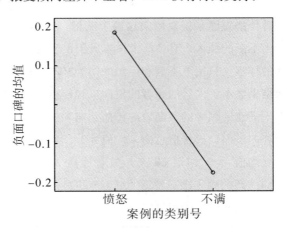

图 5-4　根据方差分析得到的愤怒和不满的顾客负面口碑均值

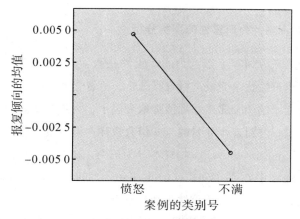

图 5-5　根据方差分析得到的愤怒和不满的顾客报复倾向均值

　　本部分通过方差分析，检验了不同唤醒水平的顾客情感反应对顾客行为意向的影响差异。结果显示，不同唤醒水平的正面情感反应对顾客积极行为意向有显著差异的影响；不同唤醒水平的负面情感反应对顾客负面口碑传播意向有显著差异的影响，但对顾客报复倾向的影响没有显著差异。

5.5　第三方顾客不当行为严重性的影响假说检验

　　为了考察不当行为严重性这一重要变量对本书上述研究结论和其他变量的影响，我们先采用相关分析的方式来探析不当行为严重性与其他各主要变量之间的关系。由表 5-7 可以看出，不当行为严重性与感知可控性、感知企业责任、不满、愤怒和负面口碑传播意向显著正相关，而与顾客满意显著负相关。

表 5-7　不当行为的严重性与各主要变量之间的 Pearson 相关系数

变量	感知可控性	感知企业责任	感知努力程度	愉悦	满意	不满
严重性	0.146**	0.136**	−0.031	−0.080	−0.102*	0.203**
变量	愤怒	重购意愿	正面口碑	负面口碑	报复倾向	
严重性	0.204**	−0.065	−0.016	0.223**	0.042	

注：* 表示在 0.05 的水平（双侧）上显著相关；** 表示在 0.01 的水平（双侧）上显著相关。

5.5.1 对不当行为严重性的聚类分析

为了验证第三方顾客不当行为的严重性是否对本书上述研究结论产生影响，我们先对严重性这个变量进行聚类分析。笔者先通过因子分析把不当行为严重性这个潜变量的两个测试题项值提取为因子，将这个变量因子保存，代表严重性这个变量，并对这个变量的 493 份有效样本进行聚类分析。聚类采用 K 均值聚类法（K-means cluster），将样本分为三类。在经迭代运算后，我们根据类别间各变量最终中心值（final cluster centers）的结果，较好地将样本分为所需要的三类：严重性低、严重性中和严重性高。

方差分析（ANOVA）结果表明这两类的划分结果合理（$F = 387.16$, $p < 0.01$），结果显示聚类效果好。在总的 493 个样本中，严重性低的样本有 10 个，严重性中的样本有 115 个，严重性高的样本 368 个。分析结果如表 5-8 所示。

表 5-8　顾客不当行为严重性的聚类分析结果

变量	类别（cluster）			F	Sig.
	1 严重性低	严重性中	2 严重性高		
严重性	−3.70	−1.10	0.45	605.656	0
样本量/个	10	115	368	合计：493	

5.5.2 顾客不当行为严重性对感知企业责任和感知企业努力程度组合与顾客情感反应之间关系的影响假说验证

根据表 5-8 的聚类的情况，笔者删除了严重性低和严重性中的样本，聚焦严重性高的 368 个样本。然后重复前文的假说检验过程，即对感知企业责任和感知企业努力程度进行聚类分析，对顾客情感反应进行聚类分析，然后将聚类因子做对应分析，以检验相关假说。

（1）对顾客感知企业责任和感知企业努力程度的聚类分析

本书基于严重性高的 368 个样本，再次把顾客感知企业责任和感知企业努力程度这两个变量聚为四类（感知企业责任低，但努力程度高；感知企业责任和努力程度都高；感知企业责任高，但努力程度低；感知企业责任和努力程度都低）。通过因子分析，笔者在前文中已经得到感知企业责任和感知企业努力程度这两个变量值，并对这两个变量的 368 份有效样本进行聚类分析。聚类采用了 K 均值聚类法（K-means cluster），将样本根据顾客感知企业责任和感知企业努力两个维度分为四类。经迭代运算后，根据类别间各变量最终中心值（final cluster centers）的结果，较好地将样本分为所需要的四种组合：感知企业责任和努力程度都高；感知企业责任和努力程度都低；感知企业责任低，但感知企业努力程度高；感知企业责任高，但感知企业努力程度低。

方差分析（ANOVA）结果表明从顾客感知企业责任和感知努力这两个维度将样本分为四类合理（感知企业责任 $F = 192.837$，$p < 0.01$；感知努力程度 $F = 231.398$，$p < 0.01$），结果显示聚类效果好。在总的 368 个样本中，感知企业责任和努力程度都高的样本 62 个；感知企业责任和努力程度都低的样本 41 个；感知企业责任低，但感知企业努力程度高的样本 73 个；感知企业责任高，但感知企业努力程度低的样本 192 个。分析结果如表 5-9 所示。

表 5-9　根据感知企业责任高低和感知企业努力程度高低聚类的结果

变量	类别（cluster）				F	Sig.
	感知企业责任高努力程度高	感知企业责任低努力程度低	感知企业责任低，但努力程度高	感知企业责任高，但努力程度低		
感知企业责任	0.830 44	−1.539 53	−0.873 62	0.392 75	192.837	0
感知企业努力程度	1.028 20	−0.542 58	1.090 26	−0.630 68	231.398	0
样本量/个	62	41	73	192	合计：368	

（2）对顾客情感反应的聚类分析

我们必须根据被试对情感题项的回答来判断每一个被试者具体属于哪种情感反应。我们对顾客愉悦、满意、不满和愤怒四个变量的 368 份有效样本进行 K 均值聚类（K-means cluster）分析，将样本分为四类。经迭代运算后，根据类别间各变量最终中心值（final cluster centers）的结果，得到四类。根据上文确立的原则，即愉悦的顾客必须同时满足：愉悦问项均值≥3、满意问项均值≥4、不满意问项均值<3 和愤怒问项均值<3；满意的顾客必须同时满足：满意问项均值≥3、满意问项均值>愉悦问项均值、不满意问项均值<3 和愤怒问项均值<3；不满的顾客必须同时满足：不满意问项均值≥3、不满问项均

值＞愤怒问项均值、愉悦问项均值＜3和满意问项均值＜3；愤怒的顾客必须同时满足：愤怒问项均值≥3、不满意问项均值≥4、愉悦问项均值＜3和满意问项均值＜3。

我们发现，类别1属于满意，类别2属于愤怒，类别4属于不满。类别3情况比较特殊，顾客的愉悦、满意、不满和愤怒问项的均值都在3左右。通过翻阅回收的问卷，我们发现确实有一些被试者四个问项都勾选了3来表达既无满意也没有不满的一种无所谓的情感状态，所以我们把第3类样本归属于无所谓。根据对几种情感反应的界定原则，我们可以发现没有哪个类别属于愉悦。方差分析（ANOVA）结果表明聚类合理（愉悦 $F=304.935$，$p<0.01$；满意 $F=148.318$，$p<0.01$；不满 $F=222.976$，$p<0.01$；愤怒 $F=137.558$，$p<0.01$），结果显示聚类效果好。在总的368个样本中，满意的样本有65个，愤怒的样本有153个，无所谓的样本有70个，不满的样本有80个。聚类分析结果如表5-10所示。

表5-10　对顾客情感反应的聚类结果

变量	类别（cluster）				F	Sig.
	1 满意	2 愤怒	3 无所谓	4 不满		
顾客情感反应愉悦（均值）	3.40	1.35	3.20	1.75	304.935	0
顾客情感反应满意（均值）	3.57	1.53	3.10	3.09	148.318	0
顾客情感反应不满（均值）	1.83	4.24	3.33	3.38	222.976	0
顾客情感反应愤怒（均值）	1.58	3.94	3.03	2.97	137.558	0
样本量/个	65	153	70	80	总计：368	

（3）对于严重的不当行为，感知企业责任和感知企业努力程度的四种组合与顾客情感反应之间的对应分析

本部分的假说包括：假说8，顾客感知第三方顾客不当行为严重性高时，即使感知服务组织对发生第三方顾客不当行为责任小，感知服务组织努力程度高，顾客也不会对服务组织感到愉悦，而是感到满意；假说9，顾客感知第三方顾客不当行为严重性高，顾客感知服务组织对发生第三方顾客不当行为责任

小，但感知服务组织努力程度低时，顾客不再是仅仅对服务组织感到不满，而是感到愤怒；假说 10，顾客感知第三方顾客不当行为严重性高且顾客感知服务组织对发生第三方顾客不当行为责任大时，即使感知服务组织努力程度高，顾客也不会对服务组织感到满意，而是感到不满；假说 11，顾客感知第三方顾客不当行为严重性高，顾客感知服务组织对发生第三方顾客不当行为责任大，且感知服务组织努力程度弱时，顾客仍然会对服务组织感到愤怒，且愤怒的程度增加。

如表 5-11 所示，卡方检验的卡方观测值（89.181）和相应的概率 p 值（$p <$ 0.01）表明，感知企业责任（高一低）和感知企业努力程度（高一低）的四种组合与顾客的四种不同情感（满意、无所谓、不满、愤怒）之间存在显著的相关关系。

由对应分析结果可知，对于严重性高的不当行为，有 45 个感知企业责任低但努力程度高的样本对应满意，占感知企业责任低但努力程度高的 73 个样本的 61.6%；由于不当行为的严重性高，感知企业责任低但努力程度高的顾客由先前的愉悦变为满意，所以假说 8，即"顾客感知第三方顾客不当行为严重性高时，即使感知服务组织对发生第三方顾客不当行为责任低，且感知服务组织努力程度高，顾客也不会对服务组织感到愉悦，而是感到满意"得到验证。这是一个非常重要的结论，也就是说，当不当行为很严重时，给顾客造成的损失和负面情绪大，无论企业多么努力补救或即使企业对发生不当行为的责任低，顾客都很难产生高唤醒水平的正面情感，这也符合我们的生活经验。因此，企业需要尽量注意避免严重的不当行为发生。

有 38 个感知企业责任高努力程度也高的样本对应于无所谓，占感知企业责任高、努力程度也高的 62 个样本的 61.2%。很严重的不当行为还导致感知企业责任高、努力程度也高的顾客由先前的满意变为无所谓，所以假说 10，即"顾客感知第三方顾客不当行为严重性高，且顾客感知服务组织对发生第三方顾客不当行为责任高时，即使感知服务组织努力程度高，顾客也不会再对服务组织感到满意，而是感到不满"得到部分验证。也就是说很严重的不当行为导致感知企业责任高、努力程度也高的顾客的正面情感反应的下降，虽然未下降到不满的程度。

所以，综合以上两个假说的验证，可以发现，不当行为的高严重性降低了顾客的正面情绪，使得企业不可能通过补救措施让顾客愉悦。

有 18 个感知企业责任低努力程度也低的样本对应愤怒，占感知企业责任低、努力程度也低的 41 个样本的 43.9％；感知企业责任低、努力程度也低的样本对应愤怒，解释度为 43.9％，虽然解释度稍低，但基本上支持了原假说。所以假说 9，即"顾客感知第三方顾客不当行为严重性高，顾客感知服务组织对发生第三方顾客不当行为责任低，但感知服务组织努力程度低时，顾客不会对服务组织仅仅感到不满，而是感到愤怒"基本上得到了支持。

有 131 个感知企业责任高但努力程度低样本对应于愤怒，占感知企业责任高但努力程度低的 192 个样本的 68.2％。很严重的不当行为导致感知企业责任高但努力程度低的顾客仍然感到愤怒。但是否更加愤怒呢，笔者分别计算了 368 份很严重不当行为样本中聚类为愤怒的样本的愤怒均值（3.94），和所有 493 份样本里面聚类为愤怒的样本的愤怒均值（4.05），结果表明愤怒均值未上升，反而略有下降，这可能与 SPSS 聚类有关。所有 493 份样本里面聚类为愤怒的样本只有 109 个，但很严重不当行为 368 份样本里面聚类为愤怒的样本有 153 个，很明显这里面包括了愤怒得分更低的一些样本；所以可以推测聚类的差异导致了均值反而下降的情况。我们可以推测，如果排除这个因素的影响，考虑到目前均值极其接近，假说成立的可能性极大。因为聚类是 SPSS 软件完成的，作者无法控制聚类的过程，只能根据标准给聚类分组结果进行命名和检验。所以，暂时无法进一步验证感知企业责任高但努力程度低的样本在遭遇严重不当行为的情景下是否比遭遇轻微不当行为更加愤怒。另外，我们可以比较同样是严重性高的不当行为，同样是对应愤怒，那感知企业责任和感知企业努力程度的高—低组合的顾客是否比低—低组合的顾客更加愤怒呢？笔者用方差分析进行了验证，将其他类别的数据删除，只保留了企业责任和感知企业努力程度的高—低组合和低—低组合的数据，并将企业责任和感知企业努力程度的类别（只剩下高—低组合和低—低组合，即类别 2 和类别 4）变量作为控制变量，顾客的愤怒变量值作为观测变量，结果表明，高—低组合样本的愤怒均值（3.4323）高于低—低组合样本的愤怒均值（3.1951），但差异不显著（$F=1.678$，$p=0.196$）。总之，假说 11，即"顾客感知第三方顾客不当行为严重性高，顾客感知服务组织对发生第三方顾客不当行为责任大，且感知服务组织努力程度低时，顾客会对服务组织仍然感到愤怒，但愤怒程度增加"。得到部分证实，即顾客仍感到愤怒，但愤怒程度增加的假设没有得到支持。

所以综合前述 2 个假说的验证结论，可知：高不当行为严重性导致顾客负面情绪上升的假设得到部分验证。

另外，在不当行为严重的情况下，只有 16.1% 的感知企业责任高、努力程度也高的样本（10 人）对应不满，解释度太低。不难发现，这是因为这部分样本主要与无所谓的情感反应相对应。

综上所述，假说 8 得到验证，假说 9 和假说 10 基本上得到验证，假说 11 得到部分验证。这些验证结果说明，严重的顾客不当行为使感知责任和感知努力程度的组合与顾客情感反应之间的关系发生了改变。具体来说，感知企业责任高或低与努力程度高的组合对顾客正面情感的影响被弱化，而感知企业责任高或低与努力程度低的组合对顾客负面情感反应的影响则被强化。

表 5-11　遭遇严重不当行为时，顾客感知企业责任（高—低）和感知企业努力程度（高—低）组合与顾客不同情感的对应分析结果

对应分析结果		卡方检验值	
		Chi-Square	p
感知责任低但努力程度高—满意	被正确解释的样本 45 个（解释度 61.6%）		
感知责任高努力程度也高—无所谓	被正确解释的样本 38 个（解释度 61.2%）	89.181	0
感知责任低努力程度也低—愤怒	被正确解释的样本 18 个（解释度 43.9%）		
感知责任高但努力程度低—愤怒	被正确解释的样本 131 个（解释度 68.2%）		

注：在 $p < 0.01$ 的水平上显著。

图 5-6 是感知企业责任（高—低）和感知企业努力程度（高—低）组合与顾客情感反应（满意、无所谓、不满、愤怒）的对应分布图。从图中可以看出感知企业责任（高—低）和感知企业努力程度（高—低）组合与顾客不同情感的差异性。感知企业责任（高—低）和感知企业努力程度（高—低）四种组合差异显著，可分别自成一类；顾客四种情感反应同样存在显著差异，因此也可分别自成一类。借助该图可以看出感知企业责任（高—低）和感知企业努力程度（高—低）组合与顾客愉悦、满意、不满和愤怒之间的联系：感知企业责任低但感知企业努力程度高的顾客对应满意；感知企业责任高感知企业努力程度也高的顾客对应无所谓；感知企业责任高但感知企业努力程度低的顾客对应愤

怒。感知企业责任低加感知企业努力程度低也对应愤怒。而顾客不满的对应关系不明显。也就是说，该图再次印证了表 5-11 的数据，也支持了上述 4 个假设的验证过程。

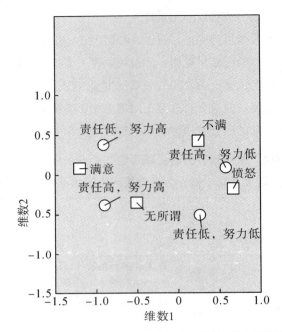

注：维数 1 代表感知责任和努力程度组合；维数 2 代表顾客情感反应。

图 5-6　感知企业责任（高—低）和感知企业努力程度（高—低）组合与顾客不同情感反应（满意、无所谓、不满、愤怒）的对应分布

（4）小结

为验证不当行为严重性对前文研究结论的影响，我们先进行相关分析，揭示不当行为严重性与各个主要变量之间的关系。结果显示，不当行为严重性与顾客不满、愤怒和负面口碑传播意向显著正相关；而与顾客满意显著负相关。然后，笔者将不当行为严重性聚类为三类，并选择严重性高的 368 个样本重复了前文的研究过程，即对感知企业责任（高—低）和感知企业努力程度（高—低）重新进行聚类分组，对顾客不同情感反应重新进行聚类分组，分组的结果为满意、无所谓、不满和愤怒。根据对各个情感反应的界定原则判断，聚类结果里没有哪个类别属于愉悦，也没有哪个组别属于"更加愤怒"，倒是出现了一个各项情感反应题项得分都在 3 左右的类别，我们称为无所谓（没有明显不

满或满意)。对应分析显示，严重性高的不当行为，感知企业责任和感知企业努力程度的低一高组合只能带给顾客满意，而不再是愉悦。假说 8 得到验证，这是非常重要的结论，即对很严重的不当行为，企业的努力补救不能使顾客产生愉悦。在严重性高时，高一高组合的顾客的情感反应从满意下降为无所谓，假说 10 基本得到验证；低一低组合的顾客从不满上升为愤怒，假说 9 得到支持。而高一低组合仍然导致愤怒，但是否更加愤怒，尚未得到验证。

所以，严重的不当行为削弱了努力程度对顾客情感反应的正面影响，增强了感知企业责任对顾客情感反应的负面影响，导致顾客正面情感反应下降，负面情感上升。其具体表现在，严重的顾客不当行为使感知企业责任高或低与努力程度高的组合对顾客正面情感的影响被弱化；而感知企业责任高或低与努力程度低的组合对顾客负面情感反应的影响则被强化。

5.5.3　顾客不当行为严重性的不同程度对顾客行为意向的影响假说验证

本部分的假说包括：假说 12，遭遇严重不当行为的顾客，比遭遇轻微不当行为的顾客，有更低的重购意愿和口碑传播意愿；假说 13，遭遇严重不当行为的顾客，比遭遇轻微不当行为的顾客，有更高的负面口碑传播意愿和报复倾向。其中，假说 12 包括：假说 12a，遭遇严重不当行为的顾客，比遭遇轻微不当行为的顾客，有更低的重购意愿；假说 12b，遭遇严重不当行为的顾客，比遭遇轻微不当行为的顾客，有更低的正面口碑传播意愿。假说 13 包括：假说 13a，遭遇严重不当行为的顾客，比遭遇轻微不当行为的顾客，有更高的负面口碑传播意愿；假说 13b，遭遇严重不当行为的顾客，比遭遇轻微不当行为的顾客，有更强的报复倾向。本书采用了方差分析来验证上述假说。

我们通过方差分析，考察严重性是否对行为意向的影响造成了显著的差异。基于因子分析得到重购意愿、正面口碑、负面口碑和报复倾向几个变量因子。作者将严重性聚类得到的类别因子作为控制变量，把不当行为重购意愿、正面口碑、负面口碑和报复倾向作为观测变量，通过方差分析法来判断了不当行为的严重程度是否对观测变量有显著影响。根据上文对严重性的聚类分析结果，有 10 个样本属于严重性低，115 个样本属于严重性中，368 个样本属于严重性高。

方差分析结果显示，感知严重性高的顾客的负面口碑传播意愿（因子均值＝0.124 379 4）比感知严重性中的顾客的负面口碑传播意愿（因子均值＝－0.369 110 3）和感知严重性低的顾客的负面口碑传播意愿（因子均值＝－0.332 393 0)显著地高（$p < 0.01$)。所以假说 13a，即"遭遇严重不当行为的

顾客，比遭遇轻微不当行为的顾客，有更高的负面口碑传播意愿"得到验证。

而不当行为严重性高低对顾客重购意愿、正面口碑和报复倾向没有显著影响（$p > 0.05$）。比如感知严重性高的顾客的报复倾向（因子均值＝0.042 065 3）比感知严重性中的顾客的报复倾向（因子均值＝－0.107 839 8）和感知严重性低的顾客的报复倾向（因子均值＝－0.307 845 0）高，但不显著（$p = 0.231 >$ 0.05）；感知严重性高的顾客的正面口碑传播意愿（因子均值＝－0.007 818 1）比感知严重性中的顾客的正面口碑传播意愿（因子均值＝0.024 005 7）和感知严重性低的顾客的正面口碑传播意愿（因子均值＝0.011 640 4）都低，但不显著（$p = 0.956 > 0.05$）。而感知严重性高的顾客的重购意愿（因子均值＝－0.025 710 4）比感知严重性中的顾客的重购意愿（因子均值＝0.093 284 9）低，但却比感知严重性低的顾客的重购意愿（因子均值＝－0.126 631 7）高，混乱且与推测相悖，而且 p 值显著大于 0.05。所以假说12a和b和假说13b没有得到支持。也就是说，不当行为严重性的不同程度对顾客的重购意愿、正面口碑和报复倾向没有显著影响，但对顾客负面口碑有显著影响。方差分析结果见表 5-12。

表 5-12　顾客不当行为严重性（高、中、低）对顾客行为意向的影响方差分析结果

观测变量	不当行为严重性（控制变量）			ANOVA 检验值	
	低	中	高	F	p
重购意愿（因子均值）	－0.126 631 7	0.093 284 9	－0.025 710 4	0.701	0.496
正面口碑（因子均值）	0.011 640 4	0.024 005 7	－0.00 781 81	0.045	0.956
负面口碑（因子均值）	－0.033 239 3	－0.369 110 3	0.124 379 4	11.952	0
报复倾向（因子均值）	－0.307 845 0	－0.107 839 8	0.042 065 3	1.471	0.231
样本量/个	10	115	368	—	—

注：$p < 0.01$ 表示检验在 0.01 的水平上显著。

顾客在遭遇严重不当行为时，希望向亲友倾诉自己的遭遇，争取同情和支持；在大部分的不当行为并不是企业造成的情况下，顾客不想通过报复来惩罚企业或通过停止购买来中断与企业的关系。这对指导企业的补救和客户关系管理具有重要的启示。

图 5-7 显示感知不当行为严重性高的顾客的负面口碑传播意愿明显比另外

两组顾客（感知严重性低和中）高。图 5-8 显示顾客的报复倾向与不当行为的严重程度正相关，但均值差异不大。图 5-9 显示，不当行为严重性高的顾客的正面口碑传播意愿比另外两组顾客（感知严重性低和中）低，但是均值只有细微差异。图 5-10 显示感知不当行为严重性高的顾客的重购意愿比感知严重性中的顾客低，比较符合情理和之前的推测，但感知严重性中和高的顾客的重购意愿比感知严重性低的顾客还高则有些解释不通，好在差异不显著。综上所述，图 5-7、图 5-8、图 5-9 和图 5-10 直观地印证了之前的分析和假说验证，即遭遇严重不当行为的顾客，比遭遇轻微不当行为的顾客，有更高的负面口碑传播意愿；但不当行为严重性对顾客的重购意愿、正面口碑和报复倾向没有显著影响。

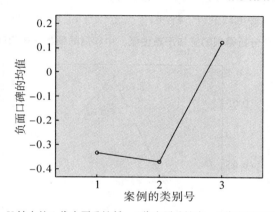

注：X 轴中的 1 代表严重性低；2 代表严重性中；3 代表严重性高。

图 5-7 基于方差分析得到的感知严重性低、中和高的顾客负面口碑传播意愿均值

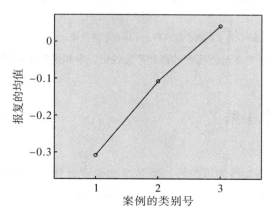

注：X 轴中的 1 代表严重性低；2 代表严重性中；3 代表严重性高。

图 5-8 基于方差分析得到的感知严重性低、中和高的顾客报复倾向均值

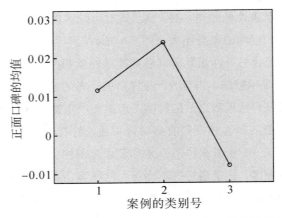

注：X轴中的1代表严重性低；2代表严重性中；3代表严重性高。

图5-9　基于方差分析得到的感知严重性低、中和高的顾客正面口碑传播意愿均值

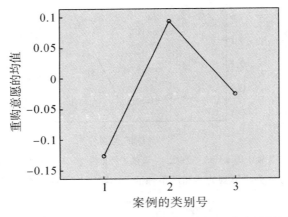

注：X轴中的1代表严重性低；2代表严重性中；3代表严重性高。

图5-10　基于方差分析得到的感知严重性低、中和高的顾客重购意愿均值

5.6　本章小结

本章首先对不当行为可控性与顾客感知企业责任的关系进行了相关分析，分析结果支持了相关假说，即不当行为可控性与顾客感知企业责任正相关，验证支持了假说1。

其次作者对感知企业责任和感知企业努力程度进行聚类分析，得到四种组合，即感知企业责任低但努力程度高的低—高组合、感知企业责任高努力程度也高的高—高组合、感知企业责任高但努力程度低的高—低组合和感知企业责任低努力程度也低的低—低组合。同理，通过对愉悦、满意、不满和愤怒几个变量的聚类，我们得到四组样本，通过对聚类结果的检验，分别对应于愉悦、满意、愤怒和不满的顾客。在上述聚类的基础上，我们对感知企业责任和努力程度组合的聚类因子和顾客情感反应的聚类因子进行对应分析，结果显示两者间有明显的——对应关系。具体来讲，也就是感知企业责任低但努力程度高的低—高组合对应愉悦；感知企业责任高努力程度也高的高—高组合对应满意；感知企业责任高但努力程度低的高—低组合对应愤怒；感知企业责任低努力程度也低的低—低组合对应不满，验证支持了假说2—5。

然后笔者检验了顾客情感反应和顾客行为意向之间关系。通过以顾客的情感类型作为控制变量、顾客行为意向作为观察变量的方差分析显示：愉悦的顾客比满意的顾客有显著更高的重购意愿和正面口碑传播意愿；而愤怒的顾客比不满的顾客有显著更高的负面口碑传播意愿和报复倾向，假说6和假说7得到验证支持。

接下来，笔者验证了不当行为严重性对上述研究结论的影响。笔者首先通过相关分析初步检验了不当行为严重性与顾客情感反应和顾客行为意向之间的关系，相关分析结果显示，不当行为严重性与顾客不满、愤怒和负面口碑传播意向显著正相关，与顾客满意显著负相关。接着通过聚类分析，将样本根据不当行为的严重性程度分为高、中、低三类。接下来，对不当行为严重性高的368份样本进行了分析检验，重复了对假说2—5的验证过程（先聚类形成感知企业责任和感知企业努力程度的四种组合和四种顾客情感反应类型，再对应分析），结果显示，遭遇严重不当行为的顾客，即使顾客感知企业责任低并且感知企业努力程度高，顾客也没有愉悦情感反应，只是感到满意，所以假说8得到验证。遭遇严重不当行为的顾客，顾客感知企业责任高并且感知企业努力程度高，顾客也没有不再感到满意，只是感到无所谓（没有明显满意或不满），所以假说9基本上得到支持。而遭遇严重不当行为的顾客，顾客感知企业责任低并且感知企业努力程度低，顾客不再仅仅感到不满，而是感到愤怒。所以，假说10得到验证。遭遇严重不当行为的顾客，顾客感知企业责任高但感知企业努力程度低，顾客仍然感到愤怒，但愤怒情感是否增加尚未得到证实。所以，假说11得到部分支持。

最后，笔者验证了不当行为严重性的差异对顾客行为意向的影响。方差分析结果显示遭遇严重不当行为的顾客，比遭遇轻微不当行为的顾客，有更高的负面口碑传播意愿，所以假说 13a 得到验证。而不当行为严重性高低对顾客重购意愿、正面口碑和报复倾向没有显著影响。所以假说 12a、假说 12b 和假说 13b 没有得到支持。

6　研究结论和建议

本章主要包括四个部分：第一，主要研究结论；第二，理论贡献；第三，管理启示和建议；第四，研究限制和未来研究展望。

6.1　主要研究结论

随着服务业在中国经济发展中的比重逐年提高、服务消费在消费者生活中的比重逐步提升，各种原因引发的服务失败在所难免，在日常生活中由第三方顾客的不当行为引起的服务失败是服务失败的一种重要内容，研究第三方顾客不当行为对顾客满意的影响机制，探究企业的服务补救对顾客情感反应和忠诚的影响，具有重要的实践意义和重大的理论价值。

本书从顾客感知的角度出发，以归因理论、公平理论、期望不一致理论、环形情感理论、服务补救、满意、顾客忠诚理论等理论和研究成果为支柱和依托，研究了第三方顾客不当行为的归因和企业的补救努力对顾客情感反应和行为意向的影响。另外还探讨了不当行为的严重性对上述研究的影响。

研究结果发现：

（1）服务企业对第三方顾客不当行为的可控性会影响顾客对不当行为的责任的判定，顾客越是觉得服务企业能避免不当行为的发生，即企业对不当行为的可控性越高，顾客越会把发生不当行为的责任归于企业，顾客的企业责任感知就越高。

（2）顾客感知企业的责任与感知企业努力程度对顾客的情感反应存在交互影响。具体来说，如果顾客觉得企业对发生顾客不当行为的责任小，但感到企业非常努力在补救，企业的补救表现超越了顾客的补救期望，则顾客会对企业感到高水平的正面情绪，即愉悦；如果顾客感觉企业的责任大，但企业努力程度也高，那么企业的补救表现符合顾客的补救期望，顾客会感到低水平的正面情绪，即满意；如果顾客感觉企业责任小，补救努力也低，那么企业的补救表现会低于顾客的期望，顾客会感到低水平的负面情绪，即不满；如果顾客感觉企业责任大，而企业补救不努力，企业的表现明显低于顾客的补救期望，顾客会感到高水平的负面情绪，即愤怒。

（3）顾客的不同唤醒水平的情感反应对顾客忠诚度有不同的影响。高唤醒水平的正面情感对顾客忠诚度的影响高于低唤醒水平的正面情感；愉悦的顾客比满意的顾客，有更高的重购意愿和正面口碑传播意向。同样，高唤醒水平的负面情感对顾客部分不忠诚行为意向的影响高于低唤醒水平的负面情感。愤怒的顾客比不满的顾客，有更高的负面口碑传播意向。愤怒的顾客比不满的顾客有更高的报复倾向，但差异不显著。

（4）第三方顾客不当行为的严重性对上述第（2）点的研究结论有影响。具体表现在，当顾客感知不当行为严重性高时，即使顾客觉得企业对发生不当行为的责任小，而且感到企业非常努力在补救，这时顾客仍不再对企业感到愉悦，而是仅仅感到满意。当顾客感知不当行为严重性高时，顾客觉得企业对发生不当行为的责任大，而且感到企业非常努力在补救，这时顾客不再对企业感到满意，而是仅仅感到一般或者无所谓。当顾客感知不当行为严重性高时，顾客觉得企业对发生不当行为的责任小，而且感到企业补救不努力，这时顾客不再是对企业仅仅感到不满，而是感到愤怒。最后，当顾客感知不当行为严重性高时，顾客觉得企业对发生不当行为的责任大，而且感到企业补救不努力，这时顾客仍然对企业感到愤怒，但是否更加愤怒，则有待将来进一步检验。

（5）顾客不当行为的不同严重程度对顾客行为意向会造成影响。研究发现，不当行为严重性与顾客负面口碑传播意向显著正相关。研究还证实，相比遭遇严重性低和严重性中的不当行为的顾客，遭遇严重性高的不当行为的顾客有显著更高的负面口碑传播意向。但是，严重性的高低对重购意愿、正面口碑传播意向和报复倾向的影响不显著。

6.2　理论贡献

（1）本书构建了顾客不当行为与服务补救的概念模型，提炼出了一般规律，丰富和完善了顾客不当行为和服务补救领域的研究成果。第三方顾客的不当行为研究是消费者行为和服务补救新的研究领域的一个重要组成部分。目前学术界在该领域的研究还处于探索阶段，因此理论界需要一个更完善的模型来解释不当行为及针对不当行为的补救给顾客情感反应和行为意向的影响。本书建立的模型是对服务补救管理理论和研究成果的进一步丰富和完善。

（2）将顾客感知服务组织对第三方顾客不当行为的可控性、感知服务组织努力程度和顾客情感反应做联接，揭示了服务补救是否有效的内在机理。

（3）将感知服务组织努力程度与感知服务组织责任以二维构架进行思考，更符合现实情况，解决问题的针对性更强，且二维构架增加了研究的难度。过去的研究没有考虑到感知企业责任和感知企业努力程度对顾客情感反应的交互影响，而是将重点放在对顾客满意的独立影响上。本书创新性地以二维模型的方式研究了顾客对其他顾客不当行为的归因和企业的补救对顾客情感反应和行为意向的影响。根据强弱，笔者把感知企业责任和感知企业努力程度聚成四种组合，以更准确地考察二者对顾客情感反应的交互影响。笔者将环形情感模型引入第三方顾客不当行为的研究，根据唤起水平维度和正一负面情感维度，将顾客情感反应分为愉悦、满意、不满和愤怒四种，这样就可以考察感知企业责任和感知企业努力程度的四种组合和这四种情感反应之间的关系了。感知企业责任和感知企业努力程度的四种组合和顾客愉悦、满意、不满和愤怒之间的对应关系说明了：感知企业责任和感知企业努力程度对顾客情感反应的影响存在着交互效应。

（4）在第三方顾客不当行为研究中，本书首次清晰、系统地分析了不当行为严重性这一重要变量的影响。本书综合考察了严重性、补救努力、感知责任，尤其是考察了严重性是否会影响感知企业责任和感知企业努力程度四种组合与顾客情感反应之间的关系。研究揭示，当不当行为严重性高时，顾客不大可能因为企业的补救努力而感到愉悦，补救努力对顾客满意的影响被削弱。另外，本书还考察了不当行为严重性的差异对顾客行为意向的影响。研究揭示，严重性的高低对顾客负面口碑传播意愿有显著差异的影响。

总之，本书在模型构建、变量设置和研究结论等多方面弥补了第三方顾客不当行为对顾客情感反应和行为意向影响实证研究的不足，具有重大的理论和实践意义。

6.3 管理启示和建议

（1）重视和深刻认识顾客不当行为

在现实生活中，不少服务企业仅仅停留在关注服务质量上或处理顾客投诉上，还没有认识到，在服务场所，顾客群体必须共享服务设施和服务环境，顾客之间会相互影响。不少服务企业没有注意到其他顾客的不当行为不仅会对顾客满意造成的负面影响，而且会引起顾客对不当行为的模仿，从而进一步破坏服务的正常秩序，使服务提供无法正常完成。很多企业都没有把补救其他顾客不当行为当成企业"份内"的事情。

（2）加强对顾客不当行为的防范和威慑

首先加强对企业可控性强的不当行为的预防。企业可以在景区入口、公车站台、购票大厅等服务场所加装栏杆，预防插队和拥挤。服务员在餐厅门口拒绝衣冠不整、推销货物、索要钱财的人进入餐厅。服务场所设置禁止吸烟、勿抛洒杂物等提醒和警示标语或进行广播提示。服务场所的厕所可以安装自动冲水的马桶来消除不冲厕的不当行为，洗手台安装自动感应的水龙头来杜绝不关水的浪费行为。企业把这些预防的措施做到位，不仅可以预防和减少不当行为的发生，而且会减轻不当行为发生时顾客对企业责任的判定，从而达到减少顾客的不满的目的。

顾客不当行为的原因之一是顾客对得到的服务不满意。对服务不满的顾客会通过不当行为来"维权"、报复企业或发泄心头怨气。刘汝萍和马钦海（2010）认为好的服务场景设计（比如温度等）可以减少顾客实施财产或身体侵犯等不当行为。服务企业要正确宣传和展示服务，避免因为虚假宣传和夸大其词导致顾客不满。服务企业还应该加强对服务流程的分析、优化和管理，尽量使每一次和顾客的服务接触都让顾客满意。

对于可控性弱的不当行为，要加强对有实施不当行为意向的顾客的威慑力度，加大惩罚力度，提高实施不当行为的感知风险和成本。比如在超市加装摄像头和安排保安巡逻可以有效减少顾客的顺手牵羊行为，电子眼可以有效减少交通违章。在新加坡，如果居民往楼下乱丢垃圾杂物，政府无论花费多高的成本都会查出肇事者，并罚其永远只能住在一层。这种措施，使得新加坡居民没有人敢乱丢垃圾。在消费领域，企业可能无法对顾客进行这么严厉的惩罚，但适当的惩罚措施是必要的。有些顾客就是看准了企业不敢、不会把自己怎么样，所以在实施不当行为时肆无忌惮。有些顾客通过客服电话长时间辱骂客服人员，但客服人员既不能挂电话，企业也没有追究顾客的辱骂行为。服务企业可以驱逐无理取闹的顾客、将谩骂和殴打员工的顾客交给公安部门等。企业还可以加强正确的顾客行为的示范，比如，在商场的电梯里，张贴如何正确乘坐电梯的漫画，减少儿童乱触碰按键、在电梯内蹦跳等行为。

（3）加强对员工的培训和硬件升级，提升服务补救能力

无论企业的防范措施多么严密，不当行为总会发生，尤其是可控性低的不当行为，比如小孩大声喧哗、顾客喝醉闹事等，这时企业的反应尤其关键。这需要服务企业加强对一线员工的培训，使其能及时预防和识别不当行为，更重要的是员工要具备迅速、妥善处置不当行为的能力和技巧。另外，安装一些硬件设施可以帮助服务企业第一时间发现和消除不当行为，比如烟雾报警装置、商店门口未付钱款商品探测装置等。

大量的研究表明，出色的服务补救，不仅可以消除顾客不满，甚至可以让顾客更加忠诚。所以，服务企业必须高度重视对第三方顾客不当行为的主动、及时、礼貌和有效的处理，尽快消除不良行为的影响，对受影响的顾客根据具体情况进行解释、道歉或者赔偿。及时处理不当行为，不仅可以恢复顾客的正面情感反应，而且更重要的是可以防止不当行为本身及造成的损失的加剧，防止不当行为的示范效应，减少不当行为的蔓延。另外，顾客往往会通过观察服务企业对突发情况的应变，来感知其服务水平、服务理念和员工素质。及时、高效的反应会为企业赢得良好的声誉和口碑。这时，不当行为反而变成了企业展示自己的机会。

有些企业错误地认为，不当行为一般责任都不在企业，而是顾客，所以不重视对不当行为的处理和补救。可是，即使是顾客的责任，如果企业完全无动于衷，顾客也会对企业产生不满。当企业对不当行为没有什么责任时，企业积极补救，可以超越顾客期望，赢得口碑。对于企业导致的顾客不当行为，企业

更应该积极补救，消除顾客的不满情绪，进而留住顾客。也就是说，服务企业在任何不当行为发生时，全力以赴地进行善后补救是最佳策略。尤其要避免企业责任大但是却补救乏力的情况，这是下下策，会导致顾客流失，甚至报复。

另外，顾客的感知具有主观性，有时候企业和顾客对不当行为的责任归属可能有不同的理解。这时，企业要多站在消费者的角度考虑问题。同时，在平时加强正确的行为规范的示范和宣导，尽量统一认识。

（4）企业要重视不当行为的严重性对顾客满意和忠诚的影响

服务企业应该尽量预防严重的不当行为发生。在不当行为显露出苗头时，要及时反应，防止因事态扩大而给其他顾客造成大的损失。比如，看到有喝醉的顾客，应及时妥善安排，避免醉酒客人呕吐或借酒滋事，给其他顾客的生命财产造成损失。如果万一发生比较严重的不当行为，给顾客造成了比较大的损失或让顾客产生了强烈的负面情绪，这时积极补救尚不能完全奏效。企业在事后的一段时期内可以后续联系和跟踪，通过和顾客建立较长期的关系来更好更快地恢复顾客满意和忠诚。

同样，什么样的不当行为是严重的，对顾客来说也各有不同。就像我们前面讲的小明的故事，其他顾客吸烟这种常见的不当行为对有烟味过敏症的小明的女朋友就会造成严重的不适，是严重的不当行为。所以，企业必须站在顾客的角度来考虑顾客的损失，而不是按自己的标准来判定都是小事情或情况不严重。

（5）企业要重视不当行为的严重性对负面口碑的影响

遭遇严重不当行为的顾客的负面口碑传播意愿比遭遇轻微不当行为的顾客显著更高。所以，当严重的不当行为发生时，企业一定要积极主动地倾听顾客的抱怨，设立便利的投诉渠道。当顾客有强烈的负面口碑传播意愿，却无法在企业抱怨或投诉时，顾客可能变得更加郁闷，只能寻求微信、微博等手段来抱怨，这可能会给企业的形象造成更多负面的损害。总之，服务企业应该尽快让顾客把抱怨留在企业，而不是带到别处。

（6）企业要重视顾客不同情感反应对顾客忠诚的影响

服务组织应该深刻认识到顾客忠诚不仅受顾客满意与否的影响，还受到满意或不满的强度的影响。服务企业应努力提高顾客的正面情感反应的强度，降低负面情感反应的强度。企业在服务补救时，应该尽量降低消费者的负面情感反应，使其尽可能恢复高水平的情感。因为顾客的负面情绪越强，企业的负面口碑就会越多；相反的，正面情感越强，其正面口碑和重购意愿就越强。

6.4　研究限制和未来研究展望

（1）由于本书经费限制和样本量的要求，本书的样本选择了较方便获取的大学生群体。尽管笔者采取了很多措施来尽量提高样本的质量，但大学生群体的代表性有一定局限，尤其是只能代表年轻和受过较好教育的群体。本书结论是否适用于其他年龄段和其他教育背景的顾客群体，尚待进一步检验。如果能将学校外的消费者纳入样本，则研究结论的说服力会更强。

另外本书的样本主要来自三所成都高校，虽然它们都是面向全国招生，但来自四川的同学更多一些。中国地域辽阔，各地的文化和消费习惯存在一定的差异，研究结论是否会受到地域因素的影响，尚需要进一步检验。

（2）研究虽然包括了不当行为严重性、感知可控性、感知企业责任、感知企业努力程度、愉悦、满意、不满、愤怒、重购意愿、正面口碑、负面口碑、报复倾向等重要变量，但也可能遗漏了一些变量。比如未来的研究还可以考虑顾客人格特质的影响。第三方顾客不当行为和补救措施对不同人格特质的顾客可能会有不同的影响。

（3）本书采用了问卷法收集数据，感知不当行为严重性低的样本量较少，后续可以通过实验法进一步验证和完善本书研究结论。同时，对顾客情感的测量，采用的是自我报告法。将来如果条件许可，可以辅以其他生理测量的方法，比如脑电波测量、神经影像学测量等。

（4）本书部分研究假说未得到验证，比如假说13，在其他条件都一样的情况下，遭遇很严重不当行为的顾客是否比遭遇轻微不当行为的顾客更加愤怒。这需要后续研究继续研究和验证。

（5）本书没有从动态视角进行研究。在发生第三方顾客不当行为的过程中、之后以及补救过程中和补救之后，顾客的情感反应和行为意向可能存在差异。尤其是顾客情感反应是动态的，随时间的推移，各个变量的影响权重可能也会变化。因此，可以在将来的研究中构建动态模型来进行深入研究。

参考文献

CHRISTIAN GRNROOS，2002. 服务管理与营销 ［M］. 韩经纶，韦福祥，译. 北京：电子工业出版社.

陈晓萍，徐淑英，范景立，2008. 组织与管理研究的实证方法 ［M］. 北京：北京大学出版社.

杜建刚，范秀成，2007. 服务补救中情绪对补救后顾客满意和行为的影响：基于情绪感染视角的研究 ［J］. 管理世界（8）：85-94.

耿黎辉，2007. 产品消费情绪与购后行为关系的实证研究 ［D］. 成都：西南交通大学.

韩仁生，1994. 韦纳的归因理论及其在教育上的应用 ［J］. 齐鲁学刊（5）：125-128.

江小涓，李辉，2004. 服务业与中国经济：相关性和加快增长的潜力 ［J］. 经济研究（1）：4-15.

金立印，2006. 基于服务公正性感知的顾客不良行为模型研究 ［J］. 营销科学学报，2（1）：1-17.

李恩洁，凤四海，2010. 报复的理论模型及相关因素 ［J］. 心理科学进展，18（10）：1644-1652.

李先国，2010. 顾客满意理论及其发展趋势研究综述 ［J］. 经济学动态（1）：87-90.

刘汝萍，马钦海，赵晓煜，2012. 其他顾客不当行为对满意及行为倾向的影响：关系质量的调节效应 ［J］. 营销科学学报，8（2）：129-145.

刘汝萍，马钦海，2010. 顾客不当行为研究回顾与展望 ［J］. 外国经济与管理，32（10）：58-64.

刘世奎，1991. 归因理论的历史、现状及发展趋势［J］. 社会学研究（5）：71-75.

陆娟，芦艳，娄迎春，2006. 服务忠诚及其驱动因素：基于银行业的实证研究［J］. 管理世界（8）：94-103.

罗晓光，马文超，2009. 消费者重购意向形成影响因素与作用机制研究［J］. 商业研究（2）：56-59.

彭军锋，景奉杰，2006. 关系品质对服务补救效果的调节作用［J］. 南开管理评论（4）：56-59.

石林，2000. 情绪研究中的若干问题综述［J］. 心理学动态，8（1）：63-68.

申跃，2005. 基于满意度的顾客抱怨模型研究［D］. 北京：清华大学.

唐小飞，2007. 客户关系赢回策略对客户行为和企业绩效影响的理论与实证研究［D］. 成都：西南交通大学.

唐小飞，贾建民，周庭锐，2007. 关系投资和价格促销的价值比较研究［J］. 管理世界，（5）：73-83.

唐小飞，钟帅，梅发贵，2011. 服务价值层级与银行客户情感反应研究［J］. 营销科学学报，7（4）：96-114.

王珂，何谦，汪照，2006. 服务失败和服务补救下的顾客满意度研究综述［J］. 科技管理研究，（12）：238-240.

韦福祥，2002. 对服务补救若干问题的探讨［J］. 天津商学院学报，22（1）：24-26.

薛薇，2006. SPSS统计分析方法及应用［M］. 北京：电子工业出版社.

杨海龙，唐小飞，刘伯强，2013. 服务补救时机选择的研究述评［J］. 管理世界，（4）：184-185.

张春兴，1997. 现代心理学［M］. 上海：上海人民出版社：520-523.

张广玲，王辉，胡琴芬，2013. 顾客不良行为对现场顾客行为的影响：基于归因理论的研究［J］. 武汉大学学报（哲学社会科学版），66（3）：90-95,129.

张圣亮，张文光，2009. 服务补救程度对消费者情绪和行为意向的影响［J］. 北京理工大学学报（社会科学版），11（6）：82-89.

张圣亮，高欢，2011. 服务补救方式对消费者情绪和行为意向的影响［J］. 南开管理评论，14（2）：37-43.

张圣亮，杨锟，2010. 服务补救时机对消费者情绪和行为意向的影响 [J]. 北京邮电大学学报（社会科学版），12（5）：82-91.

赵占波，涂荣庭，涂平，2007. 产品的实用性和享乐性属性对满意度与购后行为的影响 [J]. 营销科学学报，3（3）：50-58.

赵鑫，马钦海，刘汝萍，2009. 服务失败问题严重性对消费者服务补救感知影响的实证分析 [J]. 技术经济，28（6）：116-119.

郑丹，2008. 服务补救措施对顾客情绪的影响 [J]. 中国流通经济，24（4）：56-59.

邹德强，赵平，2008. 期望不一致对满意影响的函数形式：展望理论的预测 [J]. 南开管理评论 11（6）：79-85.

ADAMS J S, 1965. Inequity in social exchange [A]. In L. Berkowitz (Ed.), Advances in experimental social psychology [C]. New York：Academic Press, 2：267-299.

ADRIAN PALMER, ROSALIND BEGGS, CAROLINE KEOWN-MCMULLAN, 2000. Equity and repurchase intention following service failure [J]. Journal of Service Marketing, 6（14）：513-528.

ALLOY L B, N TABACHNIK, 1984. Assessment of covariation by humans and animals：The joint influence of prior expectations and current situational information [J]. Psychological Review（91）：112-149.

ANDERSON E W, FORNELL C, LEHMANN D R, 1994. Customer satisfaction, market share, and profitability：Findings from Sweden [J]. Journal of Marketing, 58（3）：53-66.

ANDERSON, EUGENE W, MARY W SULLIVAN, 1993. The antecedents and consequences of customer satisfaction [J]. Marketing Science, 12（spring）：125-143.

AUSTIN W G, 1979. Justice, freedom and self-interest in intergroup relations [A]. In W. G. Austin and S. Worchel（eds.）. The Social Psychology of Intergroup Relations [C]. 20-37.

BABAKUS E, BIENSTOCK C, SCOTTER J, 2004. Linking perceived quality and customer satisfaction to store traffic and revenue growth [J]. Decision Sciences, 35：713-737.

BALDINGER A, ROBINSON J, 1996. Brand loyalty: The link between attitude and behavior [J]. Journal of Advertising Research, 36 (6): 22 – 35.

BALOGLU S, 2002. Dimensions of customer loyalty: Separating friends from well wishers [J]. Cornell Hotel and Restaurant Administration Quarterly, 43 (1): 47 – 59.

BARRETTL F, 1997. The relationship among of momentary emotional experiences, personality descriptions, and retrospective ratings of emotion [J]. Personality and Social Psychology Bulletin, 23: 1100 – 1110.

BECHWATI N, MORRIN M, 2003. Outraged consumers: Getting even at the expense of getting a good deal [J]. Journal of Consumer Psychol, 13 (4): 440 – 453.

BELL C, ZEMKE R, 1987. Service breakdown: The road to recovery [J]. Management Review, 75 (10): 32 – 35.

BENNETT, REBEKAH, RUNDLE-THIELE, et al., 2002. A comparison of attitudinal loyalty measurement approaches [J]. The Journal of Brand Management, 9 (3): 193 – 209.

BERNSTEIN P, 1985. Cheating: The new national pastime? [J]. Business, (October /December): 24 – 33.

BERRY L L, SEIDERS K, 2008. Serving unfair customers [J]. Business Horizons, 51 (1): 29 – 37.

BERRY, LEONARD L, 1995. Relationship marketing of services growing interest, emerging perspectives [J]. Journal of the Academy of Marketing Science, 23 (Fall): 236 – 45.

BHANDARI M S, TSARENKO Y, POLONSKY M J, 2007. A proposed multi-dimensional approach to evaluating service recovery [J]. Journal of Services Marketing, 21 (3): 174 – 185.

BIES R J, MOAG J F, 1986. Interactional justice: Communication criteria of fairness [A]. In R. J. Lewicki, B. H. Sheppard, & M. H. Bazerman (Eds.), Research on negotiations in organizations [C]. 1: 43 – 55.

BIES R J, SHAPIRO D L, 1987. Interactional justice: The influence of causal accounts [J]. Social Justice Research, 1: 199 – 218.

BIES R J, SHAPIRO D L, 1988. Voice and justification: Their influence on procedural fairness judgments [J]. Academy of Management Journal, 31 (3): 676 – 685.

BIES R J, 1987. The predicament of injustice: The management of moral outrage [A]. In L. L. Cummings & B. M. Staw (Eds.), Research in organizational behavior [C]. 9: 289 – 319.

BISHOP V, KORCZYNSKI M, COHEN L, 2005. The invisibility of violence: Constructing violence out of the job centre workplace in the UK [J]. Work, Employment and Society, 19: 583 – 602.

BITNER M J, BOOMS B H, MOHR L, 1994. Critical service encounters: The employee's viewpoint [J]. Journal of Marketing, 58 (10): 95 – 106.

BITNER M J, BOOM B H, TETREAULT M S, 1990. The Service encounter: Diagnosing favorable and unfavorable incidents [J]. Journal of Marketing, 54 (1): 71 – 84.

BLODGETT J G, WAKEFIELD K L, BARNES J H, 1995. The effects of consumer service on consumer complaining behavior [J]. Journal of Service Marketing, 9 (4): 31 – 42.

BLODGETT J G, D H GRANBOIS, R G WALTERS, 1993. The effects of perceived justice on complainants' negative word-of-mouth behavior and repatronage intentions [J]. Journal of Retailing, 69 (Winter): 399 – 428.

BLODGETT J G, HILL D J, TAX S S, 1997. The effects of distributive justice, procedural and interactional justice on postcomplaint behavior [J]. Journal of Retailing, 73 (2): 185 – 210.

BLODGETT J G, WAKEFIELD K L, BARNES J H, 1995. The effects of perceived justice on negative word-of-mouth and repatronage intentions [J]. Journal of services marketing, 9: 31 – 42.

BOSHOFF C, 2005. A re-assessment and refinement of RECOVSAT: An instrument to measure satisfaction with transaction-specific service recovery [J]. Managing Service Quality, 15 (5): 410 – 425.

BOUGIE R, PIETERS R, ZEELENBERG M, 2003. Angry customers

don't come back, they get back: The experience and behavioral implications of anger and dissatisfaction in services [J]. Journal of the Academy of Marketing Science, 31 (4): 377 – 93.

BOYD C, 2002. Customer violence and employee health and safety [J]. Work, Employment and Society, 16: 151 – 169.

CADOTTE, ERNEST R, WOODRUFF, et al., 1987. Expectations and norms in models of consumer satisfaction [J]. Journal of Marketing Researeh, 24 (August): 305 – 14.

CARDOZO, RIEHARD N, 1965. An experiment study of customer effort, expectation, and satisfaction [J]. Journal of Marketing Research, 2: 244 – 49.

CAVERO S, CEBOLLADA J, 1997. Brand choice and marketing strategy: An application to the market of laundry detergent for delicate clothes in Spain [J]. Journal of International Consumer Marketing, 10: 57 – 71.

CHEBAT, JEAN-CHARLES, PIERRE FILIATRAULT, et al., 1995. Impact of waiting attribution and consumer's mood on perceived quality [J]. Journal of Business Research, 34: 191 – 196.

CHI KIN (BENNETT) YIM, FLORA FANG GU, KIMMY WA CHAN, et al., 2003. Justice-based service recovery expectations: Measurement and antecedents [J]. Journal of Consumer Satisfaction, Dissatisfaction and Complaining Behavior, 16 (6): 36 – 50.

CHITTURI R, RAGHUNATHAN R , MAHAJAN V, 1979. Delight by design: The role of hedonic versus utilitarian benefits [J]. Journal of Marketing, 2008, 72 (3): 48 – 63.

CHURCHILL G A, 1979. A Paradigm for developing better measures of marketing constructs [J]. Journal of Marketing Research, 16 (1): 64 – 73.

CHURCHILL GILBERT A J R, CAROL SURPRENANT, 1982. An investigation into determinants of customer satisfaction [J]. Journal of Marketing Research, (19): 491 – 504.

CLEMMER E C, 1993. An investigation into the relationship of fairness and customer satisfaction with service [A]. in Cropanzano, R. (Ed.), Justice in the Workplace — Approaching Fairness in Human Resources Management Series in Applied Psychology [C], Lawrence Erlbaum Associates, Hillsdale, NJ: 193 - 207.

CLEMMER, ELIZABETH C, BENJAMIN SCHNEIDER, 1996. Fair service [A]. In Teresa A. Swartz, David E. Bowen, and Stephen W. Brown, eds. Greenwich. Advances in Services Marketing and Management [C], CT: JAI Press, 5: 109 - 26.

COYNE K P, 1989. Beyond service fads-Meaningful strategies for the real world [J]. Sloan Management Review, 30: 69 - 76.

CRONIN J J JR, STEVEN A TAYLOR, 1992. Measuring service quality: A reexamination and extension [J]. Journal of Marketing, (56): 55 - 68.

CROPANZANO R, GREENBERG J, 1997. Progress in organizational justice: Tunneling through the maze [A]. In C. L. Cooper & I. T. Robertson (Eds.), International review of industrial and organizational psychology [C]. New York: Wiley, 317 - 372.

CUNNINGHAM R M, 1956. Brand loyalty-what, where, how much? [J]. Harvard Business Review, 34: 116 - 128.

CURREN, MARY T, VALERIE S FOLKES, 1987. Attributional influences on consumers' sesires to communicate about products [J]. Psychology and Marketing (4): 31 - 45.

DABHOLKAR P A, DAYLE I THORPE, 1987. Does customer satisfaction predict shopper intentions [J]. Journal of Consumer Satisfaction, Dissatisfaction and Complaining Behavior, 1994, (7): 161 - 171.

DENSON T F, LICKEL B, CURTIS M, et al., 2006. The roles of entitativity and essentiality in judgments of collective responsibility [J]. Group Processes & Intergroup Relations, 9 (1): 43 - 61.

DICK A, BASU K, 1994. Customer loyalty: Towards an integrated framework [J]. Journal of the Academy of Marketing Science, 22 (2): 99 - 113.

DIENER E, SMITH H, FUJITA F, 1995. The personality structure of affect [J]. Journal of Personality and Social Psychology, 69 (1): 130 - 141.

EREVELLES S, LEAVITT C, 1992. A comparison of current models of consumer satisfaction/dissatisfaction [J]. Journal of Consumer Satisfaction, Dissatisfaction and Complaining Behavior, 5: 104 – 114.

FISK, RAYMOND P, 2000. Wiring and growing the technology of international services marketing [J]. Journal of Services Marketing, 13: 311 – 319.

FOLGER R, CROPANZANO R, 1998. Organizational justice and human resource management [M]. Thousand Oaks, CA: Sage Publications.

FOLKES V, 1984. Consumer reactions to product failure: An attributional approach [J]. Journal of Consumer Research, 10: 398 – 409.

FOLKES V S, KOLETSKY S, GRAHAM J L, 1987. A field study of causal inferences and consumer reaction: The view from the airport [J]. Journal of Consumer Research, 13 (2): 534 – 539.

FOLKES V, 1988. Recent attribution research in consumer behavior: A review and new directions [J]. Journal of Consumer Research, 14: 548 – 565.

FORNELL C, LARCKER D F, 1981. Evaluating structural equation models with unobservable variables and measurement error [J]. Journal of Marketing Research, 48: 39 – 50.

FORNELL C, 1992. A national customer satisfaction barometer: The Swedish experience [J]. Journal of Marketing, 56: 6 – 21.

FRIJDA N H, 1987. Emotion , cognitive structure, and action tendency [J]. Cognition and Emotion, 1: 115 – 143.

FULLERTON G, 2005a. The impact of brand commitment on loyalty to retail service brands [J]. Canadian Journal of Administrative Sciences, 22 (2): 97 – 110.

FULLERTON G, 2005b. The service quality-loyalty relationship in retail services: Does commitment matter? [J]. Journal of Retailing and Consumer Services, 12 (2): 99 – 111.

FULLERTON R A, PUNJ G, 1993. Choosing to misbehave: A structural model of aberrant consumer behavior [J]. Advances in Consumer Research, 20 (1): 570 – 574.

FULLERTON R A, PUNJ G, 2004. Repercussions of promoting an ideology of consumption: Consumer misbehavior [J]. Journal of Business Research, 57 (11): 1239 – 1249.

FULLERTON, SAM, NEALE , et al., 2011. Consumer misbehavior: Does the size of the victimized organization impact the level of disapproval associated with a questionable consumer action? [J]. Society for Marketing Advances Proceedings, 25 (1): 83 – 88.

GAHWILER P, HAVITZ M, 1998. Toward a relational understanding of leisure social worlds, involvement, psychological commitment, and behavioral loyalty [J]. Journal of Leisure Sciences, 20 (1): 1 – 23.

GARDIAL, SARAH FISHERD, et al., 1994. Schumann and Mary Jane Burns, "Comparing Consumers" Recall of Prepurchase and Postpurchase Product Evaluation Experience [J]. Journal of Consumer Research, 20 (March): 548 – 560.

GOODWIN C, ROSS I, 1992. Consumer responses to service failures: Influence of procedural and interactional fairness perceptions [J]. The Journal of Business Research, 25: 149 – 63.

GOODWIN C, I ROSS, 1990. Consumer evaluations of responses to complaints: What's fair and why? [J]. Journal of Consumer Marketing, 7 (2): 39 – 47.

GOODWIN, CATHY, IVAN ROSS, 1990. Consumer evaluations of responses to complaints: What's fair and why [J]. Journal of Consumer Marketing, 7 (spring): 39 – 47.

GRANDEY, ALICIA A, DAVID N D, et al., 2004. The customer is "not" always right: Customer aggression and emotion regulation of service employees [J]. Journal of Organizational Behavior, 25 (3): 397 – 418.

GREENBERG J, ESKEW D E, 1993. The role of role playing in organizational research [J]. Journal of Management, 19 (2): 221 – 41.

GREENBERG J, FOLGER R, 1983. Procedural justice, participation and the fair process effect in groups and organizations [A]. In P. B. Paulus (Ed.), Basic Group Processes [C]. New York, NY: Springer-Verlag, 235 – 256.

GRéGOIRE Y, TRIPP T M, LEGOUX R, 2009. When customer love turns into lasting hate: The effects of relationship strength and time on customer revenge and avoidance [J]. Journal of Marketing, 73 (6): 18 - 32.

GRéGOIRE, YANY, ROBERT J FISHER, 2006. The Effects of relationship quality on customer retaliation [J]. Marketing Letters, 17 (January): 31 - 46.

GRONROOS, 1994. From scientific management to service management [J]. International Journal of Service Industry Management, 5: 16 - 17.

GROVE S J, FISK R P, 1997. The impact of other customers on service experiences: A critical incident examination of "getting along" [J]. Journal of Retailing, 73 (1): 63 - 85.

HAHM J, W CHU, J W YOON, 1997. A strategic approach to customer satisfaction in the telecommunication service market [J]. Elsevier Science, 33: 825 - 828.

HARRIS L C, REYNOLDS K L, 2004. Jaycustomer behavior: An exploration of types and motives in the hospitality industry [J]. Journal of Services Marketing, 18 (5): 339 - 357.

HARRIS L C, REYNOLDS K L, 2003. The consequences of dysfunctional customer behavior [J]. Journal of Service Research, 6: 144 - 161.

HARRIS K E, GREWAL D, MOHR L A, et al., 2006. Consumer response to service recovery strategies: The moderating role of online versus offline Environment [J]. Journal of Business Research, (59): 425 - 431.

HART C W L, HESKETT J L, SASSER JR W E, 1990. The profitable art of service recovery [J]. Harvard Business Review, (July-August): 14 - 28.

HEIDER F, 1958. The psychology of interpersonal relations [M]. New York: Wiley.

HESKETT J L, T O JONES, et al., 1994. Putting the Service-Profit Chain to Work [J]. Harvard Business Review, 72 (2): 164 - 170.

HESS, RON L, SHANKAR GANESAN, et al., 2003. Service failure and recovery: The impact of relationship factors on customer satisfaction [J]. Journal of the Academy of Marketing Science, 31 (2): 127 - 145.

HOFFMAN K D, KELLEY S W, ROTALSKY H M, 1995. Tracking service failures and employee recovery efforts [J]. Journal of Services Marketing, 9 (2): 49 - 61.

HOFFMAN K DOUGLAS, JOHN E G, 1997. Essentials of services marketing [M]. Fort Worth: Dryden Press.

HOLMES J D, J D LETT, 1977. Product sampling and word of mouth [J]. Journal of Advertising Research, (17): 35 - 39.

HOWARD J A & J N, 1969. SHETH. The theory of buyer behavior [M]. New York: John Willey & Sons.

HUANG, WEN-HSIEN, 2008. The impact of other-customer failure on service satisfaction [J]. International Journal of Service Industry Management, 19 (4): 521 - 536.

HUEFNER J C, HUNT K H, 2000. Consumer retaliation as a response to dissatisfaction [J]. Journal of Consumer Satisfaction, Dissatisfaction and Complaining Behavior, 13: 61 - 82.

HUNT K H, 1977. Customers satisfaction/ dissatisfaction-overview and future directions [A], in Hunt, K. H. Conceptualization and Measurement of Customer Satisfaction and Dissatisfaction [C], Marketing Science Institute, Cambridge, MA.

HUPPERTZ J W, AARENSON S J, EVANS R H, 1978. An application of equity theory to buyer-seller exchange situations [J]. Journal of Marketing Research, 15 (2): 250 - 260.

HUPPERTZ J W, S J ARENSON, R H EVANS, 1978. An application of equity theory to buyer-seller exchange situations [J]. Journal of Marketing Research, 15 (May): 250 - 260.

INMAN J J, DYER J S, JIA J, 1997. A generalized utility model of disappointment and regret effects on post-choice valuation [J]. Marketing Science, 16 (2): 97 - 111.

JACOBY J, CHESTNUT R W, 1978. Brand Loyalty: Measurement and Management [M]. New York: John Wiley & Sons.

JOCHEN WIRTZ DOREEN KUM, 2004. Consumer cheating on service

guarantees [J]. Journal of the Academy of Marketing Science (Spring): 159 – 175.

JOHNSON, MICHAEL D, CLAES FORNELL, 1991. A framework for comparing customer satisfaction across individuals and product categories [J]. Journal of Economic Psychology, 12 (2) (Fall): 267 – 286.

JOHNSTON R, FERN A, 1999. Service recovery strategies for single and double deviation scenarios [J]. The Service Industries Journal, 19: 69 – 82.

JOHNSTON, 1995. Service recovery strategies for single and double deviation scenarios [J]. The Service Industries Journal, 12 (19): 69 – 82.

JONES TO, SASSER WE, 1995. Why satisfied customers defect [J]. Harvard Business Review, (November-December): 88 – 99.

JONES E E, DAVIS K E, 1965. From acts to dispositions: the attribution process in social psychology [A], in L. Berkowitz (ed.), Advances in experimental social psychology [C]. New York: Academic Press, 2: 219 –266.

JONES, THOMAS, SASSER W EARL, 1995. Why satisfied customers defect [J]. Harvard Business Review, 73 (6): 88 – 99.

SCHOEFER K, ENNEW C, 2005. The impact of perceived justice on consumer emotional responses to service complaints experiences [J]. Journal of Services Marketing, 19 (5): 261 – 270.

KATZ K L, LARSON B M, LARSON R C, 1991. Prescription for the waiting-in-line blues: Encertain, enlighten and engage [J]. Slon Management Review, 32 (2): 44 – 53.

KELLEY H H, 1967. Attribution theory in social psychology [A]. In D. Levine (ed.), Nebraska Symposium on Motivation [C]. Lincoln: University of Nebraska Press, 15: 192 – 238.

KELLEY S W, HOFFMAN K D, DAVIS M A, 1993. A typology of retail failures and recoveries [J]. Journal of Retailing, 69 (4): 429 – 452.

KELLEY, SCOTT W, MARK A DAVIS, 1994. Antecedents to customer expectations for service recovery [J]. Journal of the Academy of Marketing Science, 22 (1): 52 – 61.

KINNEAR T C, BERNHARDT K L, KRENTLER K A, 1995.

Principles of marketing, 12 [M]. New York: Harper Collins Publishers.

LABARBERA, PRISCILLA A, MAZUSKY, et al., 1983. A longitudinal assessment of consumer satisfaction/dissatisfaction: The dynamic aspect of the Cognitive Process [J]. Journal of Marketing Research, 20 (4): 393 - 404.

LANGEARD E, BATESON J E G, LOVELOCK C H, et al., 1981 Marketing Services: New insights from consumers and managers [M]. Cambridge, MA: Marketing Science Institute.

LARSEN R J, DIENER E, 1992. Promises and problems with the circumplex model of emotion [A]. In M. S. Clark (Ed.), Review of personality and social psychology: Emotion [C] Newbury Park, CA: Sage, 13: 25 - 59.

LAZARUS R S, 1991. Emotion and adaptation [M]. New York : Oxford University Press.

LEE KIBEOM, NATALIE J ALLEN, 2002. Organizational citizenship behavior and workplace deviance: The role of affect and cognitions [J]. Journal of Applied Psychology, 87 (1): 131 - 142.

LEVENTHAL GERALD S, 1980. What should be done with equity theory?   [A]. In Gergen Kennith J., Martin S. Greenbery and Richard H. Wills, eds. Social exchange: Advances in theory and research [C]. New York, NY: Plenum, 27 - 55.

LIAO H, 2007. Do itright this time: The role of employee service recovery performance in customer perceiving justice and customer loyalty after service failure [J]. Journal of Applied Psychology, 92 (2): 475 - 489.

LIND E A, TYLER R R, 1988. The social psychology of procedural justice [M]. New York: Plenum Press.

LISA A, 1995. Feldman, variations in the circumplex structure of mood, PERSONALITY AND SOCIAL PSYCHOLOGY BULLETIN, 21 (8): 806 - 817.

LOCKE E, 1976. The nature and causes of job satisfaction [A]. In M. D. Dunnette (Ed.). Handbook of industrial and organizational psychology [C]. Chicago: Rand McNally: 1297 - 1349.

LOVELOCK, CHRISTOPHER H, 2001. Service marketing: People, technology, strategy, 4th ed. [M]. Upper Saddle River, NJ: Prentice Hall.

LOVELOCK, CHRISTOPHER, 1994. Product plus: How product and service=competitive advantage [M]. New York: McGraw-Hill.

MA Q H, LIU R P, LIU Z D, 2009. Customer social norm attribute of services: Why does it matter and how do we deal with it? [J]. International Journal of Services Technology and Management, 12 (2): 175 - 191.

MATTILA A S, 2001. The effectiveness of service recovery in a multi-industry setting [J]. The Journal of Services Marketing (15): 583 - 596.

MAXHAM J G, NETEMEYER R G, 2002. Modeling customer perceptions of complaint handling over time: The effects of perceived justice on satisfaction and intent [J]. Journal of Retailing, 78 (4): 239 - 252.

MCCULLOUGH, MICHAEL A, LEONARD L BERRY, et al., 2000. An empirical investigation of customer satisfaction after service failure and recovery [J]. Service Research, 3 (2): 121 - 137.

MEHRABIAN A, RNSELL J A, 1974. An approach to Environmental Psychology [M]. MA : MIT Press.

MESSICK D M, COOK K S, 1983. Equity theory: Psychological and sociological perspectives [M]. New York: Praeger.

MICHELE TONGLET, 2002. Consumer misbehaviour: An exploratory study of shoplifting [J]. Journal of Consumer Behaviour, 1 (4) (Jun): 336.

MOHR L A, BITNER M J, 1995. The role of employee effort in satisfaction with service transactions [J]. Journal of Business Research, 32 (3): 239 - 52.

MOHR, L A, MARY JO BITNER, 1991. Mutual understanding between customers and employees in service encounters [A]. In Rebecca H. Holman and Michael R. Solomon, NA-Advances in Consumer Research [C]. Provo, UT: Association for Consumer Research1, 18: 611 - 617.

MOORE R, MOORE M L, CAPELLA M, 2005. The impact of customer-to-customer interactions in a high personal contact service setting [J]. Journal of Service Marketing, 19 (7): 482 - 91.

MOORMAN R H, 1991. Relationship between organizational justice and organizational citizenship behaviors: Do fairness perceptions influence employee citizenship? [J]. Journal of Applied Psychology: 845 - 855.

NUNNALLY J C, BERNSTEIN I H, 1994. Psychometric theory [M]. New York: McGraw-Hill.

NUNNALLY, JUM C, 1978. Psychometric theory [M]. New York: McGraw-Hill.

NUNNALLY J, 1967. Psychometric theory [M]. New York: McGraw-Hill.

OLIVER R, DESARBO W, 1988. Response determinants in satisfaction judgments [J]. Journal of Consumer Research, 14: 495 - 507.

OLIVER R L, 1999. Whence customer loyalty? [J] Journal of Marketing, 63: 33 - 44.

OLIVER R, 1997. Satisfaction: A behavioral perspective on the consumer [M]. Boston: McGraw-Hill.

OLIVER R, 1997. Satisfaction: A Behavioral perspective on the consumer [M], New York, NY: McGraw-Hill.

OLIVER R L, 1980. A cognitive model of the antecedents and consequences of satisfaction decisions [J]. Journal of Marketing Research, 17: 460 - 469.

OLIVER R L, JOHN E SWAN, 1989. Equity and disconfirmation perceptions as influences on merchant and product satisfaction [J]. Journal of Consumer Research, 16 (December): 372 - 383.

OLIVER R L, BALAKRISHNAN P V, BARRY B, 1994. Outcome satisfaction in negotiation: A test of expectancy disconfirmation [J]. Organizational Behavior and Human Decision Processes. 60 (2), 252 - 75.

OLIVER, RICHARD L, JOHN E SWAN, 1989. Consumer perceptions of interpersonal equity and satisfaction in transactions: A field survey approach [J]. Journal of Marketing, 53 (April): 21 - 35.

OLIVER, RICHARD L, 1992. An investigation of the attribute basis of emotion and related affects in consumption: Suggestions for a stage-Specific satisfaction framework [A] In John F. Sherry, Jr. and Brian Sternthal, Advances in Consumer Research [C]. Provo, UT: Association for Consumer Research, 19: 237 - 244.

OLIVER, RICHARD L, 1981. Measurement and evaluation of satisfaction process in retail settings [J]. Journal of Retailing, 57 (3): 25 - 48.

PARASURAMAN A, ZEITHML V A, BERRY L L, 1985. A conceptual model of service quality and its implications for future research [J]. journal of marketing (49): 42 - 51.

PARASURAMAN, 1991. Understanding customer expectations of service [J]. Sloan Management Review, 3: 39 - 48.

PARK S, 1996. Relationship between involvement and attitudinal loyalty constructs in adult fitness programs [J]. Journal of Leisure Research, 28 (4): 233 - 250.

PATRICK S POON, MICHAEL K HUI, KEVIN AU, 2004. Attributions on dissatisfying service encounters: A cross-cultural comparison between Canadian and PRC consumers [J]. European Journal of Marketing, 38 (11): 1527 - 1540.

PATTERSON PG, JOHNSON LW, SPRENG RA, 1997. Modelling the determinants of customer satisfaction for business-to-business professional services [J]. Journal of the Academy of Marketing Science, 25 (1): 4 - 17.

PENG S Q, HONG W L, 2004. Types of service failures and the effectiveness of service recovery strategies: Chinese customers' perspective [A]. In Chen J. (ed.), Service Systems and Service Management-Proceedings of 2004 International Conference on Service Systems and Service Management [C]. 54 - 57.

PETE C TRIMMER, ELIZABETH S PAUL, MIKE T MENDL, et al., 2013. Houston, on the evolution and optimality of mood states [J]. Behavioral Sciences, 3: 501 - 521.

PFAFF M, 1977. The index of customer satisfaction measurement problem and opportunity [A]. In Hunt, H. K. (eds.), Conceptualization and Measurement of Consumer Satisfaction/Dissatisfaction [C]. Cambridge, MA: Marketing Science Institute: 24 - 27.

PHILIP KOTLER, GARY M ARMSTRONG, 2006. Principles of marketing [M]. Pearson Education.

POSNER J, RUSSELL J A, PETERSON B S, 2005. The circumplex model of affect: An integrative approach to affective neuroscience, cognitive development, and psychopathology [J]. Development and Psychopathology, 17: 715 - 734.

PRAHALAD C K, RAMASWAMY V, 2000. Co-opting customer competence [J]. Harvard Business Review, 78 (1): 79 - 87.

RAJ S P, 1985. Striking a balance between brand "popularity" and brand "loyalty" [J]. Journal of Marketing, 49: 53 - 9.

REICHHELD FF, SASSER WE, 1990. Zero defections: Quality comes to services [J]. Harvard Business Review, (September-October): 105 - 111.

REICHHELD, FREDERICK F, TEAL, THOMAS, 1996. The loyalty effect: The hidden force behind growth, profits, and lasting value [M]. Boston: Harvard Business School Press.

REIS H T, 2009. The multidimensionality of justice [A]. In R. Folger (Ed.), The sense of injustice: Social psychological perspectives [C]. New York: Plenum Press, 1984.

REYNOLDS K L, HARRIS L C, 2009. Dysfunctional customer behavior severity: An empirical examination [J]. Journal of Retailing, 85 (3): 321 - 335.

REYNOLDS K, HARRIS L C, 2006. Deviant customer behavior: An exploration of frontline employee tactics [J]. Journal of Marketing Theory and Practice, 14 (2): 95 - 111.

RICHINS M L, 1984. Word-of-mouth communication as negative information [A]. In: Thomas C Kinnear. Advances in Consumer Research [C]. 11, Provo, UT: Association for Consumer Research, 697 - 702.

RICHINS M L, 1983. Negative word-of-mouth by dissatisfied consumers: A pilot study [J]. Journal of Marketing, (47): 68 - 78.

RICHINS, MARSHA L, 1987. A multivariate analysis of responses to dissatisfaction [J]. Journal of the Academy of Marketing Science, 15 (fall):

24 - 31.

RONALD L, HESS J, SHANKAR G, et al., 2007. Interactional service failures in a pseudorelationship: The role of organizational attributions [J]. Journal of Retailing, 83 (1): 79 - 95.

ROSE R L, NEIDERMEYER M, 1999. From rudeness to road rage: The antecedents and consequences of consumer aggression [J]. Advances in Consumer Research, 26: 12 - 17.

RUSSELL J A, 1980. A circumplex model of affect [J]. Journal of Personality and Social Psychology, 39 (6): 1161 - 1178.

RUSSELL J A, LEWICKA M, NITT T, 1989. A cross-cultural study of a circumplex model of affect [J]. Journal of Personality and Social Psychology, 57: 848 - 856.

S KRISHNAN, VALERIE A VALLE, 1999. Dissatisfaction attributions and consumer complaint behavior [A]. In William L. Wilkie, Ann Abor. NA-Advances in Consumer Research [C]. MI: Association for Consumer Research, 1979, 6: 445 - 449.

SCHNEIDER B, BOWEN D, 1999. Understanding consumer delight and outrage [J]. Sloan Management Review, 41: 35 - 46.

SHERMAN E, MATHUR A, SMITH R B, 1997. Store environment and consumer purchase behavior: Mediating role of consumer emotions [J]. Psychology & Marketing, 14 (4): 361 - 378.

SMITH A K, BOLTON R N, 1998. An experimental investigation of customer reactions to service failures: Paradox or peril? [J]. Journal of Service Research, 1 (1): 65 - 81.

SMITH A, L SPARKS, et al., 2003. Retail loyalty schemes: Results from a consumer diary study [J]. Journal of Retailing and Consumer Services, 10: 109 - 119.

SMITH, AMY K, RUSH N, et al., 1999. A model of customer satisfaction with service encounters involving failure and recovery [J]. Journal of Marketing Research, 36 (August): 356 - 372.

SPRENG, RICHARD A, SCOTT B MACKENZIE, et al., 1996. A

reexamination of the determinants of consumer satisfaction [J]. Journal of Marketing, 60 (July): 15 – 32.

STEWART K, 1998. An explanation of customer exit in retail banking [J]. International Journal of Bank Marketing, 16 (1): 6 – 14.

STORBACKA, K STRANDVIK T, GRONROOS C, 1994. Managing customer relationships for profit [J]. International Journal of Service Industry Management, 5 (5): 21 – 28.

SUNMEE C, MATTILA A S, 2008. Perceived controllability and service expectations: Influences on customer reactions following service failure [J]. Journal of Business Research, 61: 24 – 30.

SWAN J E, TRAWICK I F, 1981. Disconfirmation of expectations and satisfaction with a retail service [J]. Journal of Retailing, 57: 49 – 67.

SWAN, JOHN E, DOUGLAS S LONGMAN, 1973. Consumer satisfaction with automobile repair performance: Attitude toward the industry and government control [A]. In Boris W. Becker and Helmut Becker, Eds. Combined Proceedings [C]. Chicago: American Marketing Association: 249 – 255.

SWANSON S R, KELLEY S W, 2001. Service recovery attributions and word-of-mouth intentions [J]. European Journal of Marketing. 35, (1/2): 194 – 211.

TARJA HEPONIEMI, LIISA KELTIKANGAS-JAÈRVINEN, SAMPSA PUTTONEN, et al., 2005. Vital exhaustion, temperament, and the circumplex model of affect during laboratory-induced stress [J]. COGNITION AND EMOTION, 19 (6): 879 – 897.

TAX S S, BROWN S W, 2000. Handbook of service marketing and management [M]. London: Sage Publications Inc: 273 – 275.

TAX, STEPHEN S, STEPHEN W BROWN, 1998. Recovering and learning from service failure [J]. Sloan Management Review, 40 (1): 75 – 88.

TAX, STEPHEN S, STEPHEN W BROWN, et al., 1998. Customer evaluations of service complaint experiences: Implications for relationship marketing [J]. Journal of Marketing, 62 (4): 60 – 76.

TAYLOR S, 1994. Waiting for services: The relationship between delays and evaluations of service [J]. Journal of Marketing, 58 (April): 56 – 69.

THIBAUT J, WALKER L, 1975. Procedural justice: A psychological analysis [M]. Hillsdale, NJ: Erlbaum.

TOR WALLIN ANDREASSEN, 2000. Antecedents to satisfaction with service recovery [J]. European Journal of Marketing, 34 (1/2): 156 – 175.

TSE, DAVID K, WILTON, PETER C, 1988. Models of consumer satisfaction formation: An extension [J]. Journal of Marketing Research (25): 204

TUCKER W T, 1964. The development of brand loyalty [J]. Journal of Marketing Research (1): 32 – 35.

VALLE V, MELANIE WALLENDORF, 1977. Consumers' attributions of the cause of their product satisfaction and dissatisfaction [A]. In: Ralph L Day. Consumer Satisfaction, Dissatisfaction and Complaining Behavior [C]. Bollmington, IN: Indiana University Press: 26 – 30.

VENKATESAN M, ANDERSON B B, 1985. Time budgets and customer services [A]. In T. M. Bloch, G. D. Upah, & V. Zeithaml (Eds.), Services marketing in a changing environment [C]. Chicago: American Marketing Association: 52 – 55.

VERMUNT R, VAN DER KLOOT W, VAN DER MEER J, 1993. The effect of procedural and interactional criteria on procedural fairness judgements [J]. Social Justice Research, 6 (2): 183 – 194.

WALKER J L, 1995. Service encounter satisfaction: Conceptualized [J]. Journal of Services Marketing, 9 (1): 5 – 14.

WATSON D, CLARK L A, 1997. Measurement and mismeasurement of mood: Recurrent and emergent issues [J]. Journal of Personality Assessment, 68 (2): 267 – 296.

WEINER B, 2000. Attributional thoughts about consumer behavior [J]. Journal of Consumer Research. 27 (3): 382 – 387.

WEINER B, 1986. An attributional theory of motivation and emotion [M]. New York: Springer-Verlag.

WEINER B, 1980. Human motivation [M]. NY: Holt, Rinehart & Winston.

WESTBROOK R A, R L OLIVER, 1987. Developing better measures of consumer satisfaction: Some preliminary results [A]. In: Kent B Monroe. Advances in Consumer Research [C]. Arlington, VA: Association for Consumer Research. 94 - 99.

WEUN S, BEATTY S E, JONES M A, 2004. The impact of service failure severity on service recovery evaluations and post-recovery relationships [J]. The Journal of Services Marketing (18): 133 - 146.

WITHIAM G, 1998. Studying women business travelers [J]. Cornell Hotel and Restaurant Administration Quarterly, 39 (4): 8.

WOODRUFF R B, CADOTTE E R, JENKINS R L, 1983. Modeling consumer satisfaction processes using experience-based norms [J]. Journal of Marketing Research, 20 (3): 296 - 304.

WOODSIDE ARCH G, L D FREY, R T DALY, 1989. Linking service quality, consumer satisfaction, and behavioral intention [J]. Journal of Health Care Marketing, (9): 5 - 17.

YEN H J, GWINNER K P, SU W, 2004. The impact of customer participation and service expectation on locus attributions following service failure [J]. International Journal of Service Industry Management, 15 (1): 7 - 26.

YI YOUJAE, 1990. A critical review of consumer satisfaction [A]. In: Zeithaml VA, editor. Review of marketing [C]. Chicago: American Marketing Association, 4: 68 - 123.

YIK M S M, RUSSELL J A, 2004. On the relationship between circumplexes: Affect and Wiggins' IAS [J]. Multivariate Behavioral Research, 39: 203 - 230.

YOUJAE Y, TAESHIK G, 2008. The effects of customer justice perception and affect on customer citizenship behavior and customer dysfunctional behavior [J]. Industrial Marketing Management, 37 (7): 767 - 783.

ZEELENBERG M, PIETERS R, 2004. Beyond valence in customer dissatisfaction: a review and new findings on behavioral responses to regret and disappointment in failed services [J]. Journal of Business Research, 2004, 57 (4): 445 – 55.

ZEITHAML VA, L L BERRY, A PARASURAMAN, 1985. Problems and strategies in services marketing [J]. Journal of Marketing, (49): 33.

ZEITHAML, VALARIE A, LEONARD L BERRY, et al., 1996. The behavioral consequences of service quality [J]. Journal of Marketing, 60 (2): 31 – 46.

ZEITHAML V A, BERRY L L, PARASURAMAN A, 1993. The nature and determinants of customer expectations of service [J]. Journal of the Academy of Marketing Science, 21 (1): 1 – 12.

ZEMKE RON, BELL, et al., 1990. The performing art of service management [J]. Management Review, 7: 42 – 43.

附　录

第三方顾客不当行为对顾客情绪和行为意向的影响调查问卷

各位朋友，我是一名研究人员，正在做关于其他顾客不当行为的研究。

顾客不当行为指顾客违反消费场景中可接受的规范，并且破坏正常消费秩序的行为，如喧哗、拥挤、插队、不讲卫生、口出恶言、争抢、占座、破坏服务设施、醉酒滋事、公共场所吸烟、殴打员工或顾客等。

填答此问卷大约需要花费您5～10分钟的时间。本问卷采用不记名的方式，您所填写的内容将被严格保密，仅供学术研究之用，敬请放心填写。问卷答案无对错之分，请您按照个人对问题的看法和感受如实填写即可。谢谢您的支持！

第一部分

请您回忆过去半年中在服务消费时（如旅游、教育培训、购物、餐饮、KTV、电影、交通、医疗、住宿等）亲自经历的、印象最深的一次其他顾客不当行为，并详细描述：

时间：＿＿＿＿＿＿地点：＿＿＿＿＿＿行业：＿＿＿＿＿＿

经过：＿＿＿＿＿＿＿＿＿＿＿＿＿＿＿＿＿＿＿＿＿＿＿＿

＿＿＿＿＿＿＿＿＿＿＿＿＿＿＿＿＿＿＿＿＿＿＿＿＿＿＿

企业的反应：＿＿＿＿＿＿＿＿＿＿＿＿＿＿＿＿＿＿＿＿＿

＿＿＿＿＿＿＿＿＿＿＿＿＿＿＿＿＿＿＿＿＿＿＿＿＿＿＿

第二部分

请您在完成第一部分后，基于上述回忆回答以下问题。所有问题均为单选题，请在□里打√。

	1	2	3	4	5
1. 其他顾客不当行为的严重性	完全不同意	不同意	一般	同意	完全同意
这个不当行为是严重的问题	□	□	□	□	□
这个不当行为是重大的问题	□	□	□	□	□

	1	2	3	4	5
2. 感知企业对不当行为的可控性	完全不同意	不同意	一般	同意	完全同意
我认为其他顾客不当行为发生的原因是企业可以控制的	□	□	□	□	□
我认为企业可以防止这次其他顾客不当行为的发生	□	□	□	□	□
我认为企业可以避免这次其他顾客不当行为的发生	□	□	□	□	□

	1	2	3	4	5
3. 感知企业责任	完全不同意	不同意	一般	同意	完全同意
企业应该对其他顾客实施的不当行为负责任	□	□	□	□	□
员工应该对其他顾客实施的不当行为负责任	□	□	□	□	□

	1	2	3	4	5
4. 感知企业努力程度	完全不同意	不同意	一般	同意	完全同意
企业花费了大量时间来解决其他顾客的不当行为问题	□	□	□	□	□
企业没有非常努力地解决其他顾客的不当行为问题	□	□	□	□	□
企业没能花费大量时间来解决其他顾客的不当行为问题	□	□	□	□	□
企业为解决其他顾客的不当行为问题付出了很多精力	□	□	□	□	□

5. 顾客情感反应	1 完全不同意	2 不同意	3 一般	4 同意	5 完全同意
愉悦					
在上述情况下，我对企业感到愉悦	☐	☐	☐	☐	☐
满意					
在上述情况下，我对企业感到满意	☐	☐	☐	☐	☐
不满					
在上述情况下，我对企业感到不满	☐	☐	☐	☐	☐
愤怒					
在上述情况下，我对企业感到愤怒	☐	☐	☐	☐	☐

6. 重购意愿	完全不同意	不同意	一般	同意	完全同意
如果我需要相关服务，我会把这家企业作为我的第一选择	☐	☐	☐	☐	☐
未来几年里，我将会与这家企业有更多的交易	☐	☐	☐	☐	☐
未来几年里，我将会减少与这家企业的交易	☐	☐	☐	☐	☐

7. 正面口碑	完全不同意	不同意	一般	同意	完全同意
我会在其他人面前称赞这家企业	☐	☐	☐	☐	☐
我鼓励亲戚和朋友惠顾这家企业	☐	☐	☐	☐	☐
我向寻求建议的人推荐这家企业	☐	☐	☐	☐	☐

8. 负面口碑	完全不同意	不同意	一般	同意	完全同意
我会向其他顾客抱怨这家企业	☐	☐	☐	☐	☐
我会向亲朋好友抱怨这家企业	☐	☐	☐	☐	☐
在该企业服务中遇到问题时，我会使用直接向人们抱怨以外的其他可能的传播方式抱怨	☐	☐	☐	☐	☐

	1	2	3	4	5
9. 报复倾向	完全 不同意	不同意	一般	同意	完全 同意
我想要采取行动让企业陷入麻烦	☐	☐	☐	☐	☐
我想要用一些方法来惩罚企业	☐	☐	☐	☐	☐
我想要给企业造成不便	☐	☐	☐	☐	☐
我想要让企业罪有应得	☐	☐	☐	☐	☐

您的性别：

☐男　☐女

您的年龄段：

☐20 岁及以下　☐21～25 岁　☐26～30 岁　☐31～40 岁　☐41～50 岁
☐51 岁及以上

您的学历：

☐初中及以下　☐高中/中专　☐大专　☐大学本科　☐硕士及以上

后　记

时光荏苒，岁月如梭，在书稿即将付梓之际，心中感慨万千。欣慰的是自己碰到了恩师唐小飞教授，从他那里学到很多。遗憾的是自己未能更抓紧时间，没有在科研方面做出更多的探索。然而，一切皆成过去，新的人生旅程即将开启，如何把握未来才是重中之重。

在博士学习期间，"三高"课程，尤其是"高级计量经济学"给自己造成了不小的压力，好在有惊无险。在书稿初稿完成前，自己很忐忑，不知道自己能不能如期完成。假说检验过程，有些期待和紧张，就像在黑暗中摸索，不知道哪些假说能得到支持，哪些不能。整个寒假，我基本上一天也没有休息，现在有如释重负之感。书稿的完成给了我极大的信心，弥补了短板，突破了以前困扰自己的实证方法方面的约束，我相信这将是开启我科研之门的钥匙。

在读工商管理硕士期间，自己的梦想是到企业做一名职业经理人，后来阴差阳错又回到了高校的讲台。未来我会继续致力于科研和教学，不辜负恩师和母校的栽培，继续在知识的海洋里遨游和探索，为人师表，给学生传道解惑，为社会增添正能量，为人类新知识的探索做出微薄的贡献。

特别要感谢在书稿撰写过程中关心我、帮助我和支持我的老师、朋友、同学和亲人。

首先要感谢我的恩师，博士生导师唐小飞教授。唐老师不仅学术成果丰硕，而且具有极强的将理论联系实际的能力。唐老师勤奋、上进、敏锐、思想深邃，对现象的观察入木三分，他用智慧和不懈努力缔造了一个又一个奇迹，是我和众多师兄弟妹的榜样和偶像。唐老师在营销研究方法、学术思想、为人处世等方面给予了我宝贵的指导。在日常生活中，唐老师又像一位兄长，平易近人，对学生关怀备至。没有唐老师的指导和关心，就没有今天的我，在此谨向唐老师表示最衷心的感谢！

其次，我要感谢张剑渝教授、李永强教授和付晓蓉教授。他们严谨治学的态度、渊博的知识、无私的传授和指导，大大缩短了我的摸索过程。

最后，我还要感谢本研究领域所有的专家学者，他们的研究为本书奠定了基础，本书中大量引用和参考了相关的研究结论和方法。

另外，我还要感谢我的家人，感谢我的妻子操持家务、教育孩子，让我无后顾之忧。感谢我的父母、兄长和姐姐的关心与支持。感谢我的女儿对我的理解，希望以后有更多时间陪伴她成长。

感谢所有朋友、同门和同学，感谢他们给我的帮助和鼓励。尤其要感谢张克一学妹帮我收集和整理文献，感谢钟帅师兄、鲁平俊大哥和陈希学弟对我的论文模型提出宝贵的意见和给予论证方法上的解惑。

2021 年 4 月